U0894940

美国商业地产入门

U.S. COMMERCIAL REAL ESTATE

全球第一本介绍美国商业地产投资的专业中文著作

北美购房网 | 编著

九州出版社
JIUZHOUPRESS

图书在版编目（CIP）数据

美国商业地产入门 / 北美购房网编著. -- 北京：九州出版社，2017.7

ISBN 978-7-5108-5647-1

Ⅰ. ①美… Ⅱ. ①北… Ⅲ. ①城市商业—房地产开发—美国 Ⅳ. ①F299.712.335

中国版本图书馆CIP数据核字（2017）第170620号

美国商业地产入门

作　　者	北美购房网　编著
出版发行	九州出版社
社　　址	北京市西城区阜外大街甲 35 号（100037）
发行电话	（010）68992190/3/5/6
网　　址	www.jiuzhoupress.com
电子信箱	jiuzhou@jiuzhoupress.com
印　　刷	北京艺堂印刷有限公司
开　　本	710 毫米 ×1000 毫米　16 开
印　　张	10
字　　数	150 千字
版　　次	2017 年 8 月第 1 版
印　　次	2017 年 8 月第 1 次印刷
书　　号	ISBN 978-7-5108-5647-1
定　　价	88.00 元

随着国内楼市调控的趋紧，长期“去投资化”的基调将影响各类投资者的未来决策。而与之对应的是，中国楼市已从高速增长的“黄金十年”转向“白银时代”。随着近年“高净值家庭”的数量猛增，中国机构和个人投资者将成为未来全球财富配置趋势的主导。

在这种大背景下，了解海外投资“游戏规则”显得尤为重要。中国房地产行业的发展不过也就二十多年光景，而以美国为代表的西方国家早已步入成熟阶段，在监管、运营、分工等方面形成较为完善的流程和机制。通过此书，读者将得以窥见美国商业地产投资的“游戏规则”，有的放矢地规划自己的海外投资之路。

北京房地产中介行业协会会长　李文杰

作为业内第一本详细介绍美国商业地产的中文读物，本书汇集了丰富的实战经验，对知识点进行了系统化梳理，通过投资案例为读者清晰解读概念，在减少中美两国信息不对称上做出了重要贡献。《美国商业地产入门》文字精练、图文并茂，在投资策略、商业地产开发、购买流程等方面具有务实的指导价值和独到的见解，是一本不可多得的投资类著作。

兆龙出国顾问集团董事长　刘宇

中美房地产投资的最大不同就是：中国买家重视房价上涨幅度，而美国买家关注长期租赁收益。虽然近年美国房产市场如火如荼，但其疯狂程度仍不敌国内，说不定是投资者们的另一条出路。无论是否真要投资美国地产，本书都能让读者获得收获。

新浪名博　马跃成

什么是商业地产？如何挑选合适的项目？流程又是怎样？从“初识”到“走近”，由“准备”至“实施”，本书层层叠进，由浅入深，以大量真实数据与案例帮助投资者迅速、全面的了解美国商业地产投资，是本非常实用的海外投资指南。

悠艇（上海）科技发展有限公司 CEO　余丰

献给所有渴望驰骋美国商业地产、敢于闯出一片天的投资者们！

目录

7. 土地开发

8. 贷款

9. 税费

附录

免责声明

本书的全部内容意在普及商业地产常识、强化“系统化投资”理念，引导投资者在了解的基础上做出决策，规避盲目投资风险，内容仅供参考，不应视为任何意义的商业项目宣传。

文中的全部假设和“举例说明”均为解释商业地产相关概念服务，所涉及的数字、信息和结论并不反映市场真实情况。正文及其附录列举的中国企业投资案例信息均来自中美各大网络媒体，北美购房网及 NAREIG 的编著团队并不为其准确性负责。

北美购房网及 NAREIG 的编著团队不具有律师、注册会计师或税务师执照，无法就读者的具体问题提出任何建议，也不对书中相关信息的准确性和实效性承担责任。

序

近年来，伴随着中国的崛起，越来越多的高净值人士开始放眼全球，为企业寻求开拓国际市场的机遇，为家庭寻找真正宜居的港湾，为孩子创造优质多元的教育环境。而“开放、包容、国际化视角”也已成为当代中国社会的关键词。

作为世界第一大经济体，美国当之无愧地成为了国内高净值人士最关注的国家。将其作为全球资产配置的重心，不仅可以获得可观的回报和汇率对冲的优势，更能加快投资者融入美国社会、迅速熟悉当地经济与商业的运作模式。

自 2012 年起，北美购房网就与总部位于西雅图的纳瑞国际地产（NAREIG International Realty）结成战略合作伙伴关系，致力于帮助中国高净值人群和企业在全美各大主要城市进行商业地产投资。

在与国内客户的接触中，我们深切地感受到人们对于美国商业地产行业的不了解和认知上的误区，例如：

商业地产究竟包含哪些种类？与住宅的差别在哪？

土地与地上建筑的产权能否分离？永久产权和租赁权有何不同？

购买商业地产的流程是什么？需要事先成立公司吗？

外国人是否可以获得商业贷款？步骤都有哪些？

为了帮助中国投资者快速且系统地了解美国商业地产，我们将团队五年来积攒的常见问题与交易中的宝贵经验汇集成一本全中文读物《美国商业地产入门》，成为继获得业内外好评的《美国房产投资》之后，又一探索性著作。

本书凝聚了纳瑞国际地产 (NAREIG) 和北美购房网数十位专家和同仁的心血。在这里特别感谢：Runting Song（负责编写和整理本书章节），Hang Yin（于 2013 年整理商业地产类型与交易流程相关章节，奠定了本书的框架），James Wang（负责编写本书案例与分析），以及商业地产团队成员 Godwin Moy、Evan Baker、Jerry Lee（为土地开发相关章节提供专业指导）。同时也感谢 Vivian Zhou、Chance Wang 和 Wei Zhang 对本书初稿提出的宝贵修改意见。

Hunter Lin

北美购房网 CEO

CHAPTER 1

初识美国商业地产

1
初识美国商业地产

随着时代的发展和变迁，市场上各式各样的投资产品层出不穷，然而真的经得起时间考验、能够带给客户高回报的还是商业地产。美国的商业地产拥有近两百年的历史，久到可以追溯到建国初期。史上第一位百万富豪约翰·雅各·阿斯特（John Jacob Astor）不仅是叱咤18—19世纪的皮草业巨头，还是美国商业地产的先驱，他的座右铭“Buy and Hold”（购买并长期持有）如今更是被誉为最著名的房地产投资策略之一。

阿斯特以毛皮贸易起家，他建立的美国皮草公司（American Fur Company）曾经近乎垄断哥伦比亚河及五大湖地区的所有交易。由于看到了曼哈顿土地蕴藏的巨大潜力，他在1834年将事业重心全部转移至纽约房地产市场，以极低的价格迅速收购了大片土地，将其分割后以21年之久的租期出租给商户。

1848年阿斯特去世时，他名下的地产遍布纽约、新泽西及俄勒冈州的Astoria市，是19世纪纽约当之无愧的大地主。那么，究竟商业地产有着怎样的魅力，能在历史的长河中成就一个个身价过亿的富豪呢？就让我们为您一一道来。

阿斯特在纽约的地产

1.1 什么是商业地产？

提到“商业地产”，人们常会联想到金融街上那些“冷冰冰”的摩天大厦。但实际上，这种以盈利为目的的地产类型与我们的生活密不可分：便利店、邮局、咖啡厅、电影院、加油站、餐厅、酒店、公寓、写字楼、超市、药店等都属于商业地产范畴。您随处可见的星巴克和麦

当劳就是典型的零售类商业地产租户，其租约一般为房东免责型（NNN）。

如果您购买了他们所在的地产，这些国际品牌不仅会按时向您交租，还将承担全部或大部分税费、保险费和维护费，且租约长达十几年，大大解放了您个人的时间和金钱。除此之外，商业地产强大的升值潜力还能使您在抛售时获得相当可观的收益，可谓一举多得。与国内常见的投机式“炒楼”不同，长期持有这些能够产生现金流，发展平稳，趋势有规律可循且具备升值潜力的地产才被视为真正的“投资”。

1.2 商业地产与住宅的差别

对于已在美国拥有一套住房的投资者来讲，“继续投资住宅出租还是涉足商业地产”是个艰难的选择。事实上，没有任何一种投资具有绝对优势，它在不同时间、地点适合于不同投资理念、目的和预算的人。

特点	住宅	商业
预算	毫无疑问，您“口袋的深浅”是决定投资何种地产的先决条件。住宅的投入较少，只要资金到位，且预算和房屋要求符合市场现状，您很快就能选到满意的地产。	商业地产的投资门槛较高，无论在美国哪个城市，购买一处租户信誉良好的项目至少需要 $100 万的预算。
贷款	由于住宅投资小、交易量大，贷款机构较多，手续相对简单。即使您不是美国公民，也可以从银行获得 40%-60% 的贷款。	由于商业地产的金额大、风险较高，贷款机构的审批时间较长，需要提交的材料相对复杂。依项目而定，商业地产的平均贷款比例在 50% 左右。
投资机会	美国有严格的土地规划限制，可用于居住的土地远多于商业。以西雅图为例，其住宅用地占城市总面积的 80% 以上。这也就是为什么住宅远比商业地产容易找到好项目。	由于商业地产的土地稀少，加之其对地点的特殊要求（如：高速公路出口、街角的十字路口等），项目资源较少。当然，也正因为这点，商业地产才拥有比住宅更好的保值能力。

特点	住宅	商业
租约	租约短（一般只有一年），且出售速度快。如果房屋坐落在黄金地段，租金会随着市场供需而浮动。由于住宅属于刚性需求，政府格外保护租客的利益。	租约时间长（一般为5年），如果是像麦当劳、星巴克这样的知名租户，租约可达10年，有些Walgreens连锁药店还能够达到40年。除此之外，许多零售地产的租约会规定租金的年涨幅。这样一来，您既无需为寻找租客发愁，又可拥有持续上涨的现金流，十分适合想长期持有或有家族资产传承需求的投资者。
物业管理	由于住宅的月租金有限，且租户只有一位，聘请物业经理打理并不划算。	对于多租户的商业地产来讲，雇用专业物业经理可以为您节省不少时间、精力和金钱。
购买难点	主要集中在需求上涨导致的竞价大战上。	除了市场竞争日益激烈外，商业地产用地的稀缺和项目对位置的严苛要求也使您较难买到心仪的地产。
抗经济衰退的能力	不论经济好坏，住房都是人们的刚需。即使遭遇经济危机，租房需求也不会受到重创，通过适当降低租金，您仍能成功吸引租客。	除公寓楼外，其他类型的商业地产较易受到国家及地区经济形势的影响，租金波动也较住宅明显。

1.3 为什么投资商业地产

1.3.1 回报率可观

与其他投资方式（如：股票、国债甚至黄金）相比，商业地产的回报可谓相当可

观。根据美国房地产投资信托委员会（NCREIF）的数据，2016 年美国商业地产的平均年回报率为 9.98%，超过美股的标准普尔 500（S&P 500 Index）、道琼斯（Dow 30 Index）、罗素 2000 指数（Russell 2000 Index），以及十年国债的收益率（1.4%—2.6% 之间）和黄金的年回报率（9.12%）。在 1995 到 2015 这二十年中，商业地产的平均年回报率在 9.5% 左右，整体表现高于股票、国债和黄金。

1.3.2 现金流稳健

现金流是商业地产一个极具吸引力的优势。与只能在抛售时获得收益的股票不同，您可以通过不同的购买方式（如：直接购买、股权、债权等）获得持续、稳定的现金流。

1.3.3 升值潜力大

持有一定时间后，大多数商业地产都能通过内在调整（如：装潢以提高地产实用性和受欢迎程度）和外在市场变化（如：供需关系不平衡）来提升价值。同时，商业地产也是被验证过的最能够抵抗通货膨胀的投资类型之一，主要因为：① 其租金会随着通胀上涨，进而提升物业价值；② 新楼的建造成本因通胀上升，间接拉动周边物业价值。

1.3.4 杠杆优势强

一般来讲，美国商业地产的贷款比例为 50%（其中，公寓大楼的贷款比例较高）。在杠杆的帮助下，您不仅可以扩大项目选择面，还可以参与到大项目的投资中。这种能够支配超过自己当前资本的能力可以使您迅速积累财富，开篇我们提到的商业地产鼻祖约翰·雅各·阿斯特（John Jacob Astor）就是利用这种方式迅速垄断了纽约地产市场。

金融机构愿意为商业地产贷款的原因主要有两点：① 在过去的近两百年中，美国商业地产的总体表现优异，银行看好它的升值潜力；② 相对于股票等价值波动大的投资，商业地产能获得长期的现金流，稳定性更好。

1.3.5 安全性高

大多数商业地产基于人类持续、强劲的基本需求，如庇所（公寓楼、酒店）、服务（商铺、办公楼）和存储(自助存储、工业仓库)，与基于复杂商业模型的股票相比要稳定得多。股票常会出现极高的市盈率(Price-Earnings Ratio)，也就是说其价值被高估，股息收益率(Dividend Yield Ratio)极低，需要很长时间才能回本，风险较大；而商业地产的市盈率一般低于股票，回本时间短，风险也相应较小。同时，不动产“硬资产”的固有属性，也能为您带来很大的安全感。

$$\text{Price Earnings Ratio(市盈率)} = \frac{\text{Market Price/Share(股价)}}{\text{Earnings/Share(每股收益)}}$$

$$\text{Divident Yield Ratio (股息收益率)} = \frac{\text{Cash Dividents/Share (股息)}}{\text{Market Price/Share(股价)}}$$

1.3.6 租约优势大

房东免责（NNN）是商业地产的一种特色租约。您无需或只用承担较少的运营开销（如地产税、大楼保险、公共区域维护费等），其余一切由租户支付。CVS（连锁药店）、Starbucks（星巴克）、McDonald's（麦当劳）、Chase Bank（摩根大通银行）这样的知名企业常为 NNN 租户。出于对前期投入和当地客群的考量，他们一旦承租，很少轻易离开，且租约长达数十年之久，省去了您寻找新租户的困扰。对于缺少经验或精力的投资者来讲，NNN 租约地产可以让您轻松地获得长期、有保障的现金流。

1.3.7 地产灵活性高

对于多租户的商业地产来讲（如购物中心、公寓大楼、写字楼），即便无法 100% 出租，也不会影响您的总体投资回报。这种“不把鸡蛋放在同一个篮子里”的投资理念和“规模经济”的实际应用使商业地产明显优于购买多个住宅再出租的投资模式。

1.3.8 合法节税多

为了鼓励商业地产投资，美国国税局（IRS）提供了多种节税方法。报税时，您可以将贷款利率（Mortgage Interest）和地产折旧（Depreciation）从收入中扣除，减少所得税费。如果您计划更换地产，可以使用“1031 同类地产置换法案”来延迟缴纳资产增值税 (Capital Gain Tax) 和折旧重计税 (Depreciation Recapture Tax)。该法案允许您用现有地产更换新地产，达到转换投资方向、优化投资组合的目的。当然，您也可以将其看作是政府提供的无息贷款，帮助您持续投资、做大做强。

CHAPTER 2

走 进 商 业 地 产

2
走进商业地产

2.1 地产类型

2.1.1 出租公寓

在“公寓”这个概念上，中美两国存在着不同解读。美国的公寓有两种，一种为出租公寓 (Apartment)，即只租不卖的住宅单元；另一种则为可购买并拥有产权的自住公寓（Condo）。自住公寓有时只允许个人居住，不得转租他人，主要取决于大楼的规定。如果出租公寓楼超过 4 单元，

那么可以算作是商业地产。

多单元公寓楼因其位置(城市/郊区)、户型和建筑结构(高/中/低层)各不相同。影响公寓市场的主要经济因素有：当地人口趋势、家庭构成、市场供应量和就业增长。由于该类地产的供需与市场情况紧密相关，租期一般只有1年。虽然租客流动性较大，但公寓的“刚性需求”属性和多单元带来的“规模经济”优势还是使其成为最能抵抗金融危机的地产类型之一。

与购买住宅相比，公寓楼主要有三点优势：

◎ 更易获得贷款

出租公寓楼的售价通常高于独立屋或自住单元。一个一单元的住宅或许$40万就能拿下，但多单元的公寓楼往往需要好几百万美元。表面上看来，售价较低的住宅好像更易获得贷款，但实际上贷款机构往往更青睐公寓楼。究其原因，主要是因为公寓楼的租户较多，月现金流更有保障，即便几户未出租或延迟交租也不会影响大楼的整体收益。而对于只有一个租户的独立屋或自住单元来讲，一旦新旧租户不能无缝衔接，其空置率将上升至100%。也正因为如此，公寓楼变成法拍屋的可能性较小，也更易获得较低利率的贷款。

◎ 可作为投资组合的一部分

多单元公寓非常适合想要建立投资组合的个人或机构。投资一栋20

单元的公寓楼要比购买 20 处不同地点的住宅经济得多。如果选择后者，您不仅要参与 20 笔繁复的交易、做 20 次屋检、处理各种税务问题，还可能需要为地产分别申请贷款，浪费了大量时间和精力；但如果您的预算充足，选择购买公寓楼将会省去不少麻烦。

◎ 适合聘请物业公司打理

较之亲力亲为管理，许多投资者倾向于聘请物业公司打理。物业经理一般会按照月现金流的一定比例收费，其职责包括：寻找并审查租户、收租、处理租户问题和地产维护。对于只有一两处住宅的投资者来讲，外聘物业经理会大大压缩利润，并不划算，而对于公寓楼的所有者来讲，这却是一笔性价比极高的投入。

2.1.2 零售

零售地产占全美商业地产总量的 25%，每年约有 67% 的国内经济收入来自该行业。零售地产的种类跨度很大，可以从社区蔬果店、便利店，到集购物、休闲、娱乐于一体的大型商圈。星巴克、麦当劳、7–11 便利店、Walmart 超市、DQ 冰淇凌、Walgreens 药店等都是我们耳熟能详的品牌效益好、租约时间长的优秀租户。

零售业不仅会因国家或地区经济形势（如：就业、消费者信心指数）而波动，还会受到当地市场情况（如：地产位置、车流量、人口、居民可支配收入、消费习惯等）的影响。由于经营稳定的租户不愿离开苦苦聚拢的客群，零售地产的租约一般时间较长（约 5–20 年）。这样的长租

纽约 Woodbury Outlet

DQ 餐厅

Walgreens 药店

7-11 便利店

约不仅省去了您寻找新租客的麻烦，也帮助租户锁定了较低的租金。零售业的租约形式比较灵活，常为百分比租约 (Percentage Lease)，即基本租金加一定比例的月销售额。

2.1.3 办公楼

办公楼项目的区间很广，可以从市中心 CBD 的多租户摩天大厦到郊区独立租客的小型建筑（如：牙医诊所）。其租金和地产价值的增长很大程度上取决于当地就业形势和地区的核心产业发展（如：金融和高科技公司集中的城市对办公楼的需求较大）。

依照地点、建筑年龄、暖通空调系统的质量、基础设施、大楼维护情况和其他辅助物业设施（如：咖啡厅、干洗店、邮件收发室、健身房等），办公楼可分为：A、B、C 三级。A 级为绝佳地段的优质建筑，B 级为较偏僻地点的良好建筑，其余则归为 C 级。

作为办公楼地产的所有者，您无需为租客提供客制化的改造服务。由于租约一般在 3 年—15 年左右（也会出现 40 年的超长租约），租客的信用级别极为关键。该信用级别是世界三大信用评估机构——标准普尔 (Standard & Poor's)、穆迪（Moody's）和惠誉国际 (Fitch Group) 根据企业信用情况、偿付能力和违约风险给予的评价，最高为 AAA 级。如果您恰好碰到政府机构或世界 500 强企业（如：亚马逊、谷歌）承租的地产出售，大可放心购买。

中国企业投资实例

2016 年 5 月，中国最大的保险资产管理公司——中国人寿作为最大的投资方，与纽约著名开发商 RXR Realty 及其他投资人共同出资 $16.5 亿购买了位于曼哈顿第六大街、高 42 层的 A 级多用办公楼。

这栋摩天大厦高 39 层，总面积约 167,000 平方米，距离时代广场仅一个街区，此前该地产为摩根资产管理 (JP Morgan Asset Management) 和安盛理财 (AXA Financial) 共同所有。该楼的租户有瑞银集团 (UBS) 北美总部、世界知名的宝维斯律师事务所 (Paul, Weiss, Rifkind,Wharton & Garrison) 和全球排名第一的天联广告公司（BBDO）总部。

2.1.4 酒店、度假村、汽车旅馆

该类地产属于住宿设施范畴，主要有以下几个级别：

◎ **奢华：**Four Seasons（四季酒店），Ritz-Carlton（丽思卡尔顿）Wyndham Vacation Resorts（温德姆度假村）等。

◎ **豪华：**Sheraton（喜来登），Hilton（希尔顿），Westin（威斯汀）等。

◎ **高档：**Crowne Plaza（皇冠假日酒店及度假村），Doubletree（希尔顿逸林），Embassy Suites（希尔顿尊圣酒店）等。

◎ **中档：**Holiday Inn（假日酒店），Best Western（贝斯特韦斯特），Comfort Suites（凯富）等。

◎ **经济：**Rodeway Inn（罗德威酒店），Econo Lodge（伊克诺旅社），Motel 6（6 号汽车旅馆）等。

◎ **长期住宿：**Summerfield（万豪长住酒店），Homewood Suites（希尔顿欣庭酒店），Extended Stay America（美国长住酒店）等。

Ritz-Carlton（奢华）

Hilton（豪华）

Crowne Plaza（高档）

Holiday Inn（中档）

Rodeway（经济）

Homewood Suites（长期住宿）

住宿地产与国家乃至世界经济局势的联系比任何一种商业地产都更为紧密。经济繁荣时，人们增加出行预算，酒店入住率上升；经济疲软时，人们尽量减少外出，酒店入住率明显下降。此外，新竣工的项目数量也是影响住宿地产需求的重要因素。即使经济环境良好，过多的市场供应也会使整个行业停滞不前。

除此之外，与旅游相关的地产容易受到价格大战和突发事件（如：恐怖袭击，政治动乱和自然灾害）的影响。这类地产由于建设成本高、投入资金大、投资战线长，很难灵活应对需求变化并在短期内做出调整。

中国企业投资实例

2012 年，中国保险监督管理委员会放宽了保险公司投资房地产的政策，允许其使用 30% 的资本投资不动产，其中最多 15% 用于境外投资。也就是从那时起，中国的保险业巨头们逐渐成了美国商业地产的大买家。

2014 年，安邦保险集团以 $19.5 亿收购了纽约极负盛名的华尔道夫酒店 (Waldorf Astoria)，创造了当时美国酒店销售的最高纪录。

华尔道夫酒店建于1893年，高47层，设有1413个房间，横跨纽约中城49街至50街的整个街区。其内部装潢极其奢华，是“装饰艺术”与“尊贵”的不二代名词。

这里不仅见证了二战后《世界和平协议》签订的重要历史时刻，还接待过数不清的名人政要。1896年，清政府时期的直隶总督李鸿章（左图）在访问欧美各国时就曾入住华尔道夫酒店，成为第一位下榻该酒店的华人政要。新中国成立后，我国的重要领导人邓小平、江泽民、朱镕基、胡锦涛、温家宝、习近平等到访纽约期间也都曾入住华尔道夫酒店。

此次安邦集团的“豪迈出手”不仅将世界的眼光再次聚焦在了中国买家身上，同时也拉开了保险企业收购美国酒店的序幕。2015年，国内七大保险集团之一的阳光保险以超过 $200 万 / 间的价格从私募投资公司（Starwood Capital Group）购买了位于曼哈顿的巴卡拉酒店(Baccarat Hotel)。2016 年 10 月，中国人寿也从该公司认购了价值 $20 亿的酒店资产组合，包含美国 40 个州共 280 家精选酒店，成为该地产组合的主要投资人。

就在人寿出手前一个月，安邦保险才斥资 $65 亿从黑石资产管理集团 (Blackstone Group) 购买了战略酒店及度假村 (Strategic Hotels & Resorts Inc.) 的 15 间豪华酒店。当然，除了险资外，国内不少大型企业和开发商，如：合正集团、海南航空也陆续收购了多家美国知名酒店或股份，足以证明酒店地产独特的投资魅力。

2.1.5 工业地产

工业地产包括：工业 / 办公共用空间 (Flex Space)、研发中心、仓库、配送中心、重型工厂等。然而，并不是所有工业地产都适合投资，像重型工厂、散装仓库这样特定用途的地产，租户通常只有一个，一旦离开，房东很难改变地产用途。相比之下，轻型装配厂和工业 / 办公混合空间

这种容易改造成办公楼的地产才是更好的投资选择。

中国企业投资实例

2015 年底，为了增加海外资产的多样性、降低投资风险，中国人寿向新加坡物流地产巨头普洛斯 (Global Logistic Properties) 创立的基金注资 $10 亿，用于管理该公司新收购的美国工业地产投资信托公司（Industrial Income Trust Inc.），成为该基金的最大股东，持有 30% 股份。

美国工业地产投资信托公司的总部位于科罗拉多州的丹佛市，旗下仓储物业遍布美国 20 多个主要城市，覆盖了全美人口密集、商贸活跃、交通便利的地区，具有显著的规模及地理优势。当然，中国人寿并不是第一个看准工业地产潜力的中国保险机构，在此之前，平安

保险就已与美国地产投资公司 Blumberg Partners 合资 \$6 亿，用于购买核心市场的物流物业项目组合。

2.1.6 个人仓库

个人仓库是一种特别的地产类型，专门提供给那些私人空间有限、杂物很多却又不愿丢弃的人们一个安全的储物场所。如今，使用私人仓库已成为一种常态，将近十分之一的美国家庭拥有自己的储物单元，且全国仓库总量达 5 万个。这一行业每年对美国经济的贡献超过 \$220 亿，提供的总存储空间有 3 个曼哈顿市那么大。

不同于一般的商业地产，个人仓库的经营模式比较特殊。它并不受地点的限制，但对经营者的专业知识和空间运营能力要求较高。仓库使用者一般无需或支付较少的押金便可拥有一个储物单元，且随时都可停用。美国著名的个人仓库公司有 Public Storage、CubeSmart 和 StorQuest，他们在提升行业整体操作、地产品质和提高运作效率上做出了重要贡献。鉴于个人仓库一直以来的稳健发展和 2008 年金融危机时的不俗表现，如今它已成为可抵抗经济衰退的投资类型之一。

2.1.7 养老地产

养老地产是一种介于多单元住宅与酒店之间的商业地产类型。2011-2016 这五年中，美国的养老地产的发展迅猛，在资本不断涌入的同时，其地产价值屡创历史新高。养老，这个曾经的“小众”市场，正随着美国老龄化人口的加剧吸引着越来越多的投资者。

根据住户的身体状况和所需医疗服务可以分为四种类型。

	老年公寓 (Senior Apartment)	自主生活型 (Independent Living)	辅助看护型 (Assisted Living)	医疗康复型 (Nursing)
设施	与出租公寓类似，但设有特殊通道及公共活动区。	与出租公寓相似，但拥有商业厨房，用餐区以及公共设施。	大部分单元无厨房，只有冰箱和微波炉。很多单元为 Studio。	与酒店房间相似，可能需要与他人合住。
理想单元数量	60—200 间	100—150 间	80 间以上	120 个床位（70 单元）
住户年龄要求	55—75 岁	75—84 岁（平均 80.6 岁）	75—85 岁（平均 87 岁）	80—90 岁
服务费占总收入比例	0%	45%	65%	75%
主要服务种类	组织社交活动	餐厅式用餐，社交活动，每周家政服务，洗衣及交通服务。	除“自主生活型”的服务外，还有辅助洗浴、进食、穿衣、用药提醒等服务。	“辅助看护型”服务加医疗管理。24 小时专人监护。
平均居住时间	5—12 年	1.1—4.6 年	1.1—4.2 年	30 天 —2 年
平均月租金	—	$3090	$4643	$9338
平均入住率	—	90.1%	90.4%	89.1%
总单元 / 床位数（库存）	—	260, 228	220, 114	581, 424
总单元 / 床位数（修建中）	—	10, 554	13, 716	3, 594
修建与库存比	—	4.1%	6.2%	0.6%

◎ 老年公寓 (Senior Apartment)

传统的老年公寓主要针对收入较低或有经济适用房需求的个人，而新兴的老年公寓则更着眼于那些个人出资、无需捆绑服务(例如：饮食，打扫)、年龄较低、身体也更健康的老人。这样的公寓提供很多公共设施，但服务程度却不会像“自主生活型”那样高。

◎ 自主生活型 (Independent Living)

在所有类型的养老地产中，“自主生活型”的发展最佳，平均入住率在 2015 年第四季度达到 91.5%。如今，“自主生活型”已取代“辅助看护型”成为抗经济危机最强的地产。

◎ 辅助看护型 (Assisted Living)

经营此类地产需要相关医疗牌照。住户不能完全独立生活，需要不同程度的个人服务及医疗帮助，失忆老人看护 (Memory Care) 就常被归于此类。由于看护型养老地产的抗经济衰退能力强、项目规模小、开发成本低，因此吸引了大量投资者。

◎ 医疗康复型 (Nursing)

此类地产包括由公费医保支付的长期看护 (Long-term Care) 和由公费医保、保险公司或个人支付的短期复原看护 (Short-term Habitation Care)。虽然康复型社区的市场份额很大，但其新建速度较慢，许多新开发项目仅用于替代老旧设施。除此之外，该类地产的入住率下降也影响了开发商的建造热情。

中国企业投资实例

如今的中国企业不再将目光局限于办公楼和酒店，也开始关注其他“冷门”地产类型。由于看准了美国养老产业供不应求的现状和未来的医疗发展趋势，2016 年底，信泰资本首次涉足养老地产，联合北京合众人寿出资 $ 9.3 亿美元购买了美国房地产信托 Welltower, Inc. 旗下养老地产投资组合的 75% 股份。

该地产组合包括 11 个由 Brookdale Senior Living Inc. 承租的自主生活型养老物业和 28 个由 Genesis Healthcare Inc. 承租的慢性病 / 专业护理型物业，覆盖全美 13 个州，总投资回

报在 10% 左右。2017 年 3 月，信泰资本计划再投入 $20 亿，专门用于养老地产投资，力图抢占市场先机，深入美国养老地产行业。

2.1.8 商住混合地产

顾名思义，这类地产将商业与住宅用途集于一身（如：底层商铺，上层公寓的大楼；或商业、住宅用户均分的摩天大厦），且常坐落于市区的核心位置。

SOA Architects 的商住混合地产设计

商住混合地产的优势在于：总租金收入高（有两股租金流）、租约长、能够拉动周边社区发展从而带动租金上涨、管理专业化、容易获得政府支持等。但与此同时，该类地产也存在建筑成本高、行政管理费和法律费用高、租户利益冲突等问题。

中国企业投资实例

2015年9月，金地集团宣布与加州知名房地产公司LaTerra联合投资$1.25亿，共同开发位于日落大道(Sunset Boulevard)上的商住混合项目，成为第一个在好莱坞投资地产的中国大型集团。该项目总面积约16,187平方米，建成后将包含办公楼、零售和公寓，同时毗邻多处贯穿洛杉矶的公交线路。

位于好莱坞的商住混合项目

为了进一步拓展美国地产版图，2016年5月，金地集团宣布与世界知名地产公司Hines联合开发位于波士顿的南站项目(South Station)，欲将其改造成集交通枢纽与商住混合一体的城市综合地产。

20世纪初期的波士顿南站

波士顿南站建于1898年，是不折不扣的历史性建筑。在过去的100多年中，它逐步发展为当地重要的复合式运输枢纽，日均接待乘客达152,000人，联通波士顿乘客最多的地铁红线、直达海港区（Seaport District) 和洛根国际机场 (Logan International Airport) 的地铁银线、波士顿通勤铁路（MBTA Commuter Rail)、美国铁路(AMTRAK)和多条公交线路。

建成后的效果图

该项目的一期为高约 206 米的商住混合大厦，底部 26 层为办公和零售空间，顶端 16 层为可俯瞰全城及波士顿湾的可出售公寓（Condo）。据悉，该项目完工后将成为波士顿金融区最高、马萨诸塞州第四高的地标性建筑。

2.1.9 特殊用途地产

像停车场、加油站、保龄球馆、高尔夫球场、游艇俱乐部、社区中心、果园、马场、酒庄等都属于特殊用途的商业地产。该类地产的经营涉及不同行业，需要投资者具备一定的专业知识和人脉，有时甚至必须聘请管理团队才能保证地产运营正常，不适合刚踏入商业地产领域的新手。

停车场

加油站

高尔夫球场

果园

中国企业投资实例

2015年，中国以2.4亿欧元波尔多红酒的进口纪录，超越英国成为世界第一大葡萄酒消耗国。在2010-2015这短短五年中，中国投资者已在法国购买超过100间波尔多酒庄，这个震撼性的数字不仅反映了国内消费者对葡萄酒需求的不断增加，还体现了人们对红酒象征意义的认同。

2015年1月，以金属包装起家的中国企业家周云杰（左图）成为第100个法国酒庄买家。他购买的赫侬酒庄 (Château Renon) 建于1802年，位于法国波尔多市右岸的Tabanac镇，包含周边超过5公顷的花园和一片8公顷的葡萄园。

周云杰不仅是位红酒爱好者，更拥有自己的葡萄酒进口公司。在此之前，他就创办了专业红酒会所，且于2010年收购了澳洲阳光酒庄。

此次赫侬酒庄的收购不仅会进一步降低周云杰公司的进货成本，补充并完善其产业链，获得生产和经营权，还可以达到资产保值的目的，可谓一举多得。

赫侬酒庄

2.2 租约种类

进入正题前，先让我们了解一下商业地产租约都涉及哪些主要开销：

◎ 月租金 (Monthly Base Rent)

◎ 运营开销 (Operating Costs)

- 地产税 (Property Tax)
- 大楼保险 (Property Insurance)
- 公共区域维护费 (Common Area Maintenance，即 CAM)
- 租户的个人开销
  - 基础设施费 (如水电费、通讯费等)
  - 保洁服务费

商业地产租约主要分为四大类：百分比租约 (Percentage Lease)、全包租约 (Gross Lease/Full Service Lease)、净租约 (Net Lease) 和改良版全包租约 (Modified Gross Lease)。净租约中，依租客承担运营开销的多少可分为单 N、NN、NNN 和绝对 NNN。在所有类型的租约中，全包租约和 NNN 净租约最为常见。

<table>
<tr><th colspan="2">租约种类</th><th>租客付</th><th>房东付</th><th>常见于</th></tr>
<tr><td colspan="2">**百分比租约**</td><td>• 月租金（较低）
• 当月销售额的一定比例</td><td>• 其他全部费用</td><td>零售、
购物中心</td></tr>
<tr><td colspan="2">**全包租约**</td><td>• 全包租金（较高）
• 如果水电费超过大楼标准，可能需缴超额部分。</td><td>• 全部或大部分剩余费用</td><td>办公楼、
工业地产
（租客友好型）</td></tr>
<tr><td rowspan="4">**净租约**</td><td>N</td><td>• 月租金
• 个人开销
• 所占大楼面积比例的地产税</td><td>• 大楼保险
• 公共区域维护及维修费
• 建筑结构维修费</td><td>较少见
（房东友好型）</td></tr>
<tr><td>NN</td><td>• 月租金
• 个人开销
• 所占大楼面积比例的（地产税和大楼保险）</td><td>• 公共区域维护及维修费
• 建筑结构维修费</td><td rowspan="2">任何商业
地产类型
（房东友好型）</td></tr>
<tr><td>NNN</td><td>• 月租金
• 个人开销
• 全部或一定比例的（地产税 + 大楼保险 + 公共区域维护及维修费）</td><td>• 建筑结构维修费</td></tr>
<tr><td>绝对 NNN</td><td>• 发生任何情况，租客都要承担全部开销。</td><td>• 不负担任何开销</td><td>较少见
（房东友好型）</td></tr>
<tr><td colspan="2">**改良版全包租约（结合了全包租约与净租约两者的特点）**</td><td>• 月租金（较高）
• 个人开销</td><td>• 地产税
• 大楼保险
• 公共区域维护及维修费</td><td>多租户办公楼
（更偏向于租客友好型）</td></tr>
</table>

需要注意的是，同一类租约下，房东对不同地产承担的费用不尽相同，投资者切勿单凭租约名称判断合约内容，购买前需详细咨询投资团队的地产经纪人。

2.3 净租约地产的产权类别

无论您打算投资哪种商业地产，都要明确知道自己购买的是什么？产权又涵盖什么？假如您购买的是一处麦当劳为租户的地产，那么就需要了解该地产的产权包含的是土地，土地和建筑，还是只有建筑本身？每种产权都带有不同的权力、回报、税收优势和风险。以下我们就为您介绍净租约 (Net Lease) 地产常见的三种产权类型。

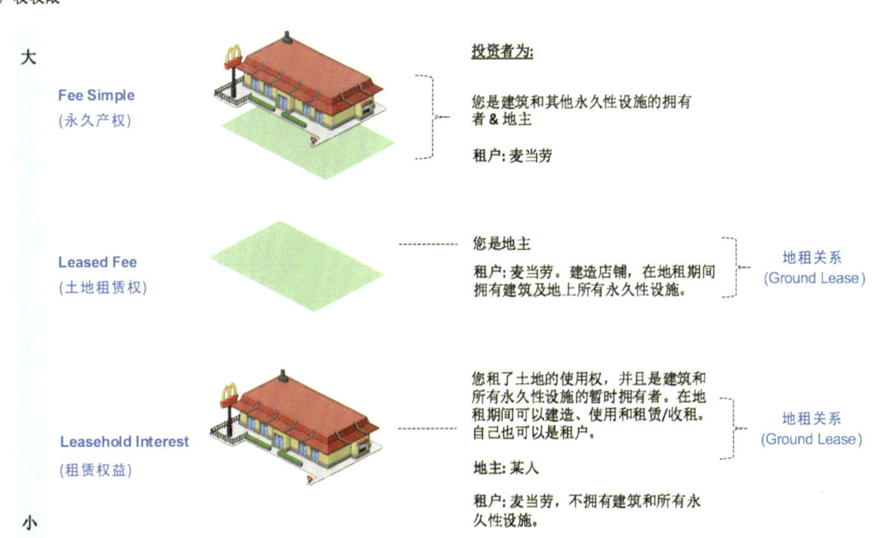

2.3.1 永久产权 (Fee Simple)

永久产权是种最高权力，意味着您拥有土地及上面所有建筑。以上文提到的麦当劳为例：您拥有土地、麦当劳店面和地上所有永久性设施。租约到期后，您可以与麦当劳续约或终止合约。从税务角度来看，虽然土地无法折旧，但您可以利用建筑折旧来冲抵租金收入，降低税率，最终达到减少税费的目的。由于您拥有地产的全部使用权，租客更愿意与您签订长期租约。

2.3.2 土地租赁权 (Leased Fee)

作为土地所有者，您在特定时间内将土地及其建筑使用权通过地租 (Ground Lease) 授权给租户，地租通常为 50 年—99 年。这类租约的优势在于，您无需建造，也不承担任何建筑运营责任，且租期结束后还能获得土地上全部建筑的使用权。同样是麦当劳的例子：您虽然拥有土地，但将土地使用权暂时转移给了租户麦当劳。在地租结束前，您不能使用土地、麦当劳店面或其他永久性设施。一般来讲，如果麦当劳在租约结束前决定续约，您无法拒绝。从税务角度看，由于您只拥有土地，无法用折旧的方式降低租金收入税。

2.3.3 租赁权益 (Leasehold Interest)

这种权益的参与者有三方：地主、您（投资者）、租客。您与地主签订了一个长达 n 年的地租协议，在此期间拥有土地使用权，可以建造并拥有建筑及所有永久性设施，但地租结束后，要“净身出户”，将上述一切还给地主。在地约期间，您可以将建筑租给第三方，并向其收租。对于您来说，这种产权类似于国内房产的“70 年使用权”，是最无保障的一种。

在麦当劳的例子中：您不是地主，只在地租结束前拥有土地、建筑使用权和向麦当劳收租的权力。此外，在这期间您还能够决定是否与麦当劳续约。从税务方面看，您可以利用建筑折旧减税。根据美国国税局(IRS) 的规定，租赁权益 (Leasehold) 或地租 (Ground Lease) 须超过 30 年(包含续租选项）才能使用“1031 同类地产交换”法案来延税。

2.4 投资方式

2.4.1 直接购买现成项目

如果您对某个行业特别感兴趣（如：餐饮）、希望独立拥有项目、自主经营或聘请专人管理的话，可以直接找到商业地产投资团队为您推荐和购买项目。对于新手来讲，知名租户的 NNN 租约地产（如：星巴克、麦当劳、7–11 便利店、Costco 仓储超市）会是不错的选择。如果您的预算比较充裕、重视地产保值和抗经济危机能力的话，可以选择高层公寓楼或多租户写字楼。

2.4.2 法拍地产 (Foreclosure)

法拍地产指由于原业主无力还贷、无法继续履行合约，贷款机构强制拿回产权，并以拍卖的形式收回资金。由于法拍地产的售价常低于市价，一些经验丰富、对市场趋势把握准确的投资者可以通过这种“捡漏”的方式赚得差价。

2.4.3 地产翻新 / 重建 (Flipping)

地产翻新是指购买一栋没有租户的老旧建筑或法拍屋，利用几个月时间将大楼翻新、装潢或修缮，以提高地产价值，最终高价出售。这种方式具有投资周期短、获利高、可以迅速积累财富的优势，但同时也对投资者的专业度要求极高。您不仅需要清楚了解市场趋势和当地热门区域，还要准确预估翻修成本，利用自己在当地的丰富人脉（如：建商、律师、室内设计师、建筑调查员、保险经纪人、维修工等）来降低风险和开销。由于短期买卖需缴纳高达 40% 的资产增值税，大多数人都会选择持有地产一年以上，或利用“1031 同类地置换法案”来更换项目，达到延税的目的。

2.4.4 房地产信托基金 (REITs)

如果您希望获得到不错的收益，不想拥有地产本身，也不愿为租客和管理操心的话，可以将资金放入信托基金中，让基金经理掌舵护航。房地产信托基金起源于美国 20 世纪 60 年代，是一种历史悠久的融资手段，和股票十分相似。基金公司拥有并管理着上百个不同类型的地产项目，并逐渐形成庞大的投资组合，您可以根据个人预算，认购一定比例的股份，并向基金经理支付管理费。这类投资的优势在于，项目间收益的涨跌可以互相弥补，从而有效降低总投资风险。

2.4.5 房地产众筹 (Real Estate Crowdfunding)

与信托基金相比，众筹的发展只有短短十几年，是在互联网金融背景下迅速发展起来的新型集资模式。发起人借助网络平台向大众筹集资金以启动某个地产项目，并承诺给予投资人产权、股权或其他类型的商业回报。以下为基金和众筹的主要区别：

特点	房地产信托基金	房地产众筹
投资形式	拥有基金公司旗下地产投资组合的特定股份。	发起人承诺给予投资人产权、股权或其他类型商业回报。
项目数量	从零售到度假村，基金公司的投资组合涵盖大小不同的各类地产项目，利于投资者降低总投资风险。	可以投资一个或多个项目。
信息透明度	项目数量多，由基金经理挑选并管理，投资者很难了解每个项目的详细情况。	投资者明确了解所购项目情况，信息透明度较高。

2.4.6 股份制地产合资 (Real Estate Syndication)

股份制地产合资诞生于美国20世纪，是“众筹”的前身，也可以形象地解释为其“线下版本”。项目发起人提供宝贵的投资机会，并负责所有与地产调查、开发、管理、出售相关的事项，您只需投入资金即可。与众筹单纯的资金聚拢不同，股份制地产合资更看重项目发起人与您之间的长期合作关系和框架。此外，作为合伙人的您也不再是纯粹的“旁观者”，具有了投资方的“话语权”，可以与发起人一同商议地产出售时的时间和价格。

◎ 参与者

—项目发起人 (Syndicator/Sponsor): 一般为开发商，主要负责寻找项目、调查地产、开发和物业管理。这些美国公司经验丰富，在当地拥有广阔的人脉，且有能力和信用为项目申请贷款。为了追求利益最大化，开发商通常会分散其资本在不同项目上，因此他们的每个项目都需要一定比例的外界注资才能启动。

—投资者 (Investor): 一个或多个。与项目发起人平摊一定比例的利益和风险。

◎ 法律构架

开发商通常会将地产放在新建的有限责任公司 (LLC) 或有限合伙企业 (Limited Partnership) 旗下，使股东不为投资额以外的损失负责。成立之初，发起人会与投资者就利润分配、股份比例等问题进行协商，并在经营协议 (Operating Agreement) 或合伙人协议 (Partnership Agreement) 中写明。由于开发商提供了宝贵的投资机会，并且将在整个流程中倾注大量时间和精力，其投资金额一般较少，而投资者由于不必寻找项目，无需亲身参与地产管理，需要投入较多资金。

◎ 优势和风险

优势	风险
•开发商具有丰富的经验、能力和良好的信用，能够提供宝贵的投资机会、并且成功申请贷款。	•地产种类、运营风险、市场状况带来的不确定性。
•由于开发商在项目中投入了一定比例的资金，其利益与投资者统一 。	•开发商未投入足够精力和时间扶持成长不稳定的项目。
•如果开发商投资的比例较大，则有利于最大化地产抛售时的价格。	•开发商急于投资新项目而将旧项目以较低价格抛售。
•项目拥有稳定、良好的回报。	

举例说明

李先生投资某开发商的股份制合资出租公寓项目。大楼造价成本为$1000万，其中$500万为银行贷款，李先生注入$400万，开发商注入$100万。双方经协商后，李先生享有投资收益8%的优先回报，剩余利润与开发商五五分成。建成后第三年，双方决定将地产出售，获净利润$130万。

大楼建造成本

$1000万

成立有限责任公司 (LLC)
- 李先生: 投入 $400万 (协商后占 50% 股份)
- 开发商: 投入 $100万 (协商后占 50% 股份)

在建成后的第3年出售

净利润 $130万

投资者的优先回报 8%

李先生的优先回报 $400万 x 8% = $32万

剩余利润 $130万 - $32万 = $98万

按股份比例分红
- 李先生: $98万 x 50% = $49万
- 开发商: $98万 x 50% = $49万

总收益
- 李先生: $32万 + $49 = $81
- 开发商: $49万

1) 利润分红

由于投资者的优先回报率为8%，李先生将从总利润中拿走自己所投金额的8%（即$32万）。在剩余的$98万利润中，李先生与开发商按5:5的股份比分红。

2) 现金流分红

一般来讲，开发项目很少建成后立即出售，会持有2年左右，等到大楼满租后再以高价抛售。因此，除了上面提到的利润收益，李先生还可以按月或季度得到相应股份比例的租金收入。

CHAPTER 3

房地产经济理论

3 房地产经济理论

虽然房地产具有许多市场特性，但其本质仍遵循基本的经济学理论——需求与供应定律。

3.1 市场需求

3.1.1 需求的定义

房地产市场的需求指：在不同价格点上，消费者愿意且能够购买的面积或单元数。从下图的需求曲线中我们可以看到，随着价格升高，需求量呈递减趋势。

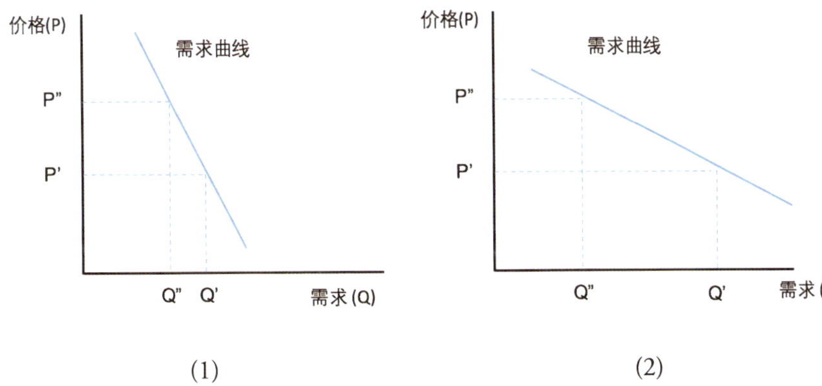

(1) (2)

3.1.2 需求的价格弹性

需求曲线的一个重要属性就是它对价格变化的敏感度，我们称其为“需求的价格弹性”(Price Elasticity of Demand)。它是一段时间内需求变化的百分比与价格变化的百分比之间的比值，用符号 E_D 表示。

$$E_D = \frac{\text{需求变化的百分比}}{\text{价格变化的百分比}}$$

$|E_D| > 1$ 则需求有弹性 (Price Elastic): 价格的小幅上涨会造成需求的急剧下降（见上图(2)）。

$|E_D| = 1$ 则单位弹性 (Unit Elastic): 价格上升幅度与需求的下降幅度相同。

$|E_D| < 1$ 则需求无弹性 (Price Inelastic): 价格的改变对需求的影响不大，不会造成其大幅下降。一般来讲，房地产市场的需求属于这一类（见上图(1)）。

需求的价格弹性取决于替代品的多寡，例如：豪华别墅因其替代品比中等收入的住房少，需求弹性较小。同理，由于同一都会区下的城市互为彼此的替代品，其需求弹性大于都会区整体。

需求的价格弹性常被用于商业地产项目分析。在宏观上，它可以帮助您衡量售价或租金调整对需求的改变。在微观上，需求弹性能够帮您评估价格上涨对总收入的影响。开发商和投资者都希望看到“无弹性的地产需求”，也就是价格上调导致的需求及净吸收下降小于租金上涨带来收益增加，最终使总收入提高。

3.1.3 实际价格变化 & 预期价格变化

在分析价格上涨对需求的影响时,您要分清这里的“价格”是指“实际价格上涨”还是“预期价格上涨”。上文曾提到，根据不同产品的需求弹性，实际价格上涨会造成需求不同程度的下降。由于“实际价格”是影响需求的内因，我们可以通过调整需求曲线的斜率看到变化(上图(1)到(2)的变化)。

那么，既然房地产市场遵循需求定律(Law of Demand)，为什么会出现需求跟随价格上涨的现象呢?实际上，这里的需求增加并不源于“实际价格上涨”，而是人们对未来价格上涨的预期。也就是说，某些城市最初的房价提高只源于移民的增加，但当居民开始对未来房价上升产生恐慌而纷纷决定入市时，才最终拉高了需求。对于办公楼地产来讲，预期内的租金上涨可能促使公司承租更大面积，为未来可能增加的自身需求提前“屯货”。由于“预期价格”是需求的外因，我们可以通过平移需求曲线看到变化(见下图)。

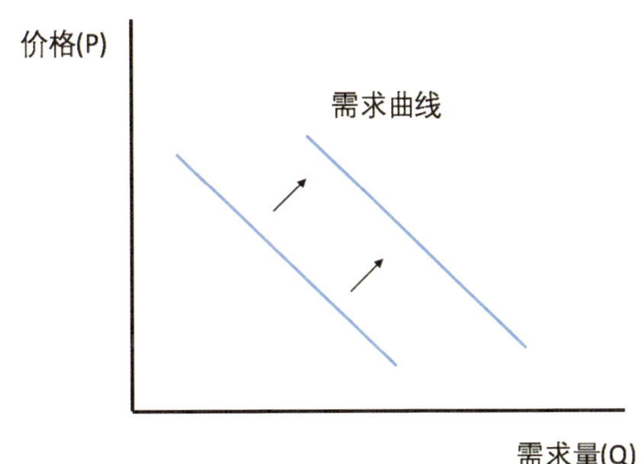

3.1.4 影响房地产需求的外因

影响房地产需求的因素除了内因（如：实际价格、租金），还有许多能使需求曲线平移的外因。准确预测这些因素会对评估市场前景、项目可行性、发掘开发和投资机会很有帮助。这些外因可分为四类：市场大小、收入 / 富裕程度、替代品的价格和市场预期。

◎ 市场大小

取决于地产类型，影响需求的市场变量包括：人口、就业和产量。例如：住宅和零售地产主要受居民数量影响，办公楼地产主要受专业服务行业（如：政府机关、金融、科技）就业的影响，而工业地产则受产量、仓库和物流就业的影响。市场因素与房地产需求之间成正向关系，也就是说在同一价格水平上，市场越大，需求越大。

◎ 收入 / 富裕程度

居民的收入和富裕程度直接影响零售和住宅地产的需求，且呈正向关系。如果维持地产售价不变，居民生活水平提高会使更多人有能力购房，增加消费预算。除此之外，收入 / 富裕程度也可能间接影响办公楼和工业地产的需求。例如：收入提高会增加人们对专业服务的需求（如：金融、律师），促使这类企业扩招，增加工作空间，最终使办公楼地产需求增加。

◎ 替代品的价格

替代品的价格上涨也会引起某类地产需求的增长。如果独立住宅的售价维持在一定水平，公寓租金提高会让租客考虑购房，使住房需求曲线向右平移。同理，如果 A 级办公楼的租金提高，一些公司可能转而租用较便宜的 B 级办公楼，使 B 级办公楼的需求曲线向右平移。

◎ 价格上涨预期

个人或公司对市场的预期也可能使不同类型的地产需求上涨。上文曾提到，人们对住宅售价或租金上涨的预测很可能拉高需求，使原来犹豫不决的购房者大方出手。同理，居民对大型企业未来持续扩张的预期也会促使当地商业地产需求增长。

3.1.5 衡量需求变化：净吸收

净吸收 (Net Absorption) 常用来衡量房地产市场总需求的变化，它是一段时间内，市场上所有被占用地产面积的改变。如果空置面积大于出租面积，那么净吸收为负，反之亦然。在以下公式中，OS 为被占用面积，S 为市场的总地产面积（含使用中和空置），V 为空置率，t 为时间。那么过去一段时间内，某地产市场的净吸收 AB_t 即为 t 和 t-1 期间被占用面积的差值：

$$AB_t = OS_t - OS_{t-1}$$

$$OS_t = S_t(1 - V_t)$$

$$OS_{t-1} = S_{t-1}(1 - V_{t-1})$$

衡量净吸收时，我们需要了解影响它数值的决定性因素：价格 / 租金、市场大小的改变（如：人口、就业等）、收入 / 富裕程度的变化以及人们对价格和就业前景的预测。根据需求定律，只有价格 / 租金对净吸收的作用为反向，其余均为正向。

影响市场净吸收的因素

因素	影响
价格 / 租金	反向
市场大小的改变（如：人口、就业）	正向
收入 / 富裕程度的变化	正向
人们对售价 / 租金变化的预期	正向

3.2 市场供应

3.2.1 供应的定义

房地产的市场供应指：在不同价格点上，可供出售或出租的面积或单元。与需求曲线相反，供应曲线用一条向上的斜线表示，也就是说供应量会随着价格上涨而增加。

3.2.2 长期总供给

长期总供给描述的是长期售价 / 租金与总供给量（面积 / 单元）间的关系。由于长期总供给很难计算，其市场分析价值并不大（见下图）。

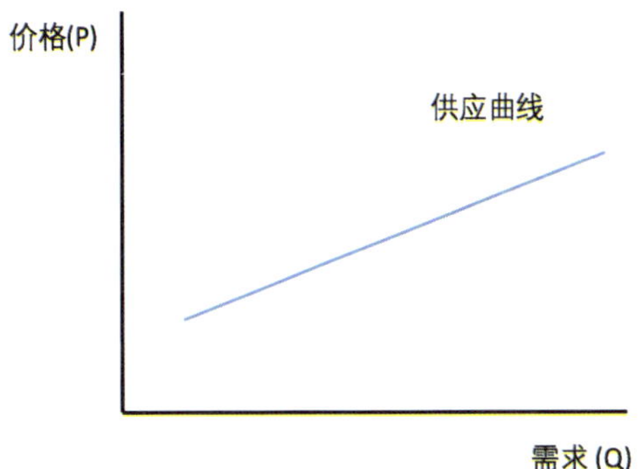

3.2.3 短期总供给

短期总供给是指在特定时间点上，市场的总供应量。由于房地产市场的短期供应没有变化,它与价格的关系可以用一条竖线表示（见下图）。

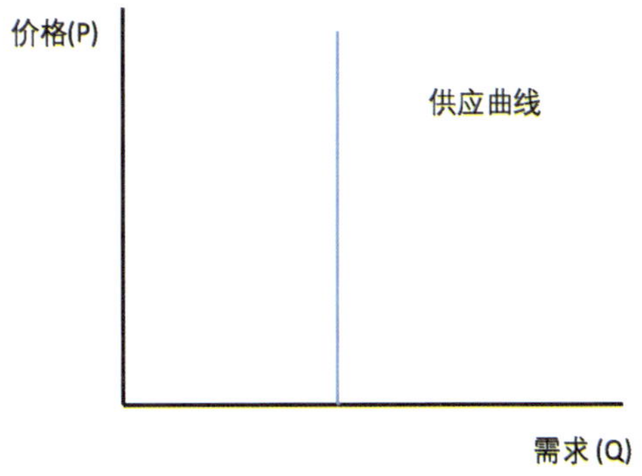

短期内，固定的市场供应源于建设滞后 (Construction Lag)，即大楼规划和开发需要的时间。一般来讲，住宅和工业地产的滞后约半年至一年，办公楼和零售地产的滞后约一年半到两年。由于建设延迟，地产短期内的价格或租金调整并不会对供应产生影响，用经济术语来讲，就是供给完全无弹性 (Perfectly Inelastic)。

3.2.4 新建量

由于建筑具有长期使用的属性，了解新建量可以帮助我们预测某个地产市场的库存。

1) 新建量

新建筑是市场上所有完工项目面积的总和，即所有得到入驻许可(Certification of Occupancy) 或通过最后一步建筑审批的项目。项目完工常指开发流程的最后三个环节：建筑许可、开工和完工，任一环节发生问题都可能导致项目夭折。也就是说，不是所有项目都能得到建筑许可，不是所有得到建筑许可的项目都能顺利开工，也不是所有动工的大楼都能完工，其中最后两点主要取决于当地市场条件。

◎ 建筑许可：政府基于开发商上交的方案给予开工批准。

◎ 开工：大楼开始建造。

◎ 完工：建设完成且得到入驻许可。

2) 库存量计算

在 t 时间点的库存 S_t 为前一时间点的库存 S_{t-1} 减去淘汰的库存 d，再加上 t 至 t-1 期间新建的面积 C。

$$S_t = S_{t-1}(1-d) + C \text{ 或}$$
$$S_t = S_{t-1}(1-d) + aPRM$$

其中

S_t: 在 t 时间点的市场库存

d : 地产废弃率（因外观、功能和经济因素使建筑被淘汰）

C : 在 t 和 t–1 时段内新建的面积

PRM : 在 t 和 t-1 时段内政府批准建造的面积

a : 在 t 和 t-1 时段内政府批准面积完工的百分比

3) 地产废弃

旧地产被淘汰主要有三种原因：① 外观：建筑老化和质量下降；② 功能：建筑功能退化，无法提供新的或更高效的服务。这里的高效优势可能来自新建筑更好的布局、设计、技术、设备等；③ 经济因素：由于环境因素而对地产的创收能力造成影响。事实上，库存因功能和经济因素遭到淘汰的比例较难量化。

当一处地产老化时，我们需要考虑是否要对其进行再开发 (Redevelopment)。再开发的前提为：新旧建筑的剩余土地价值 (Residual Land Value) 之差大于或等于再开发成本。其中，FAR (Floor Area Ratio) 为容积率，即所有楼层面积与土地面积的比值。

$$\text{土地剩余价值}_{\text{新楼}} - \text{土地剩余价值}_{\text{旧楼}} \geq \text{再开发成本}$$

$$\left(\text{价格}_{\text{新楼}} - \text{建筑成本}_{\text{新楼}}\right) * \text{FAR}_{\text{新楼}} - \left(\text{价格}_{\text{旧楼}} - \text{建筑成本}_{\text{旧楼}}\right) * \text{FAR}_{\text{旧楼}} \geq \text{再开发成本}$$

4) 新建量的规律

地产的新建量遵从市场供应定律 (Law of Supply)，如果保持其他条件不变，地产价格越高，同类项目的新建量越大。从下图我们可以看到，新建量的供应曲线起始于最低价格。一旦地产的市价低于这个阈值，开发商的成本则无法回收，自然也就没有动力继续建楼。住宅开发商常用这个价格阈值来判断特定消费群体是否买得起计划中的项目。

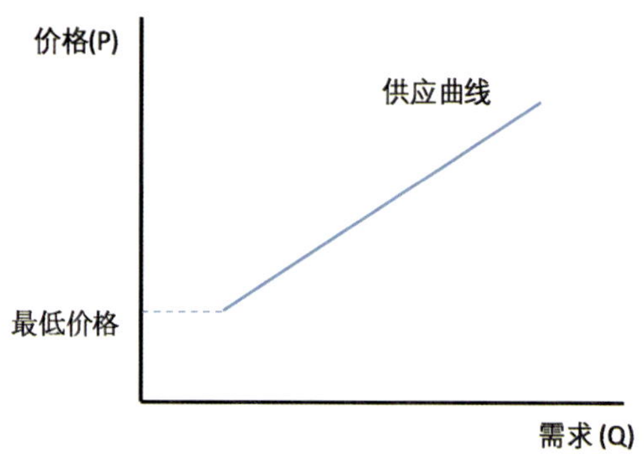

新建量与地产价格 / 租金变化可用“供给的价格弹性”(Elasticity of Supply, 即 E_s) 表示。E_s 很大程度上取决于成本和建筑要素的可用性。这些要素越贵，供应量受价格波动的影响越小。

$$E_S = \frac{\text{供给变化的百分比}}{\text{价格变化的百分比}}$$

如果新建量的价格弹性为 2，那么意味着地产价格每上涨 1%，新建量就会上涨 2%。因此供给的弹性定律可用来衡量价格变化对新建量的影响。假设某事件发生使房价上涨 7%，那么 2 的弹性则意味着该事件将激发 14% 的新建量。

一般来讲，新建量容易受价格影响，特别是办公楼地产，其新建量会明显集中在几个价格上涨的时间段上（见下图）。

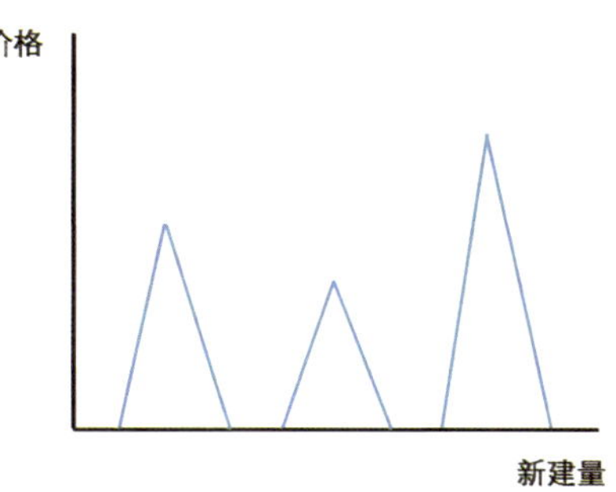

5) 影响新建量的因素

由于“利润”是地产开发的原动力，影响市场新建量的外因也就是那些左右项目利润和不确定性的因素。

◎ 建设要素（资本、人力、土地和建材）的价格及可用性

在同一个市场中，建设要素的价格与新建面积成反比。也就是说项目成本越高，利润空间越小，开发商越不愿意建新楼。假设价格不变，那么任一建设因素上涨都会使供应曲线向上平移（见下图）。

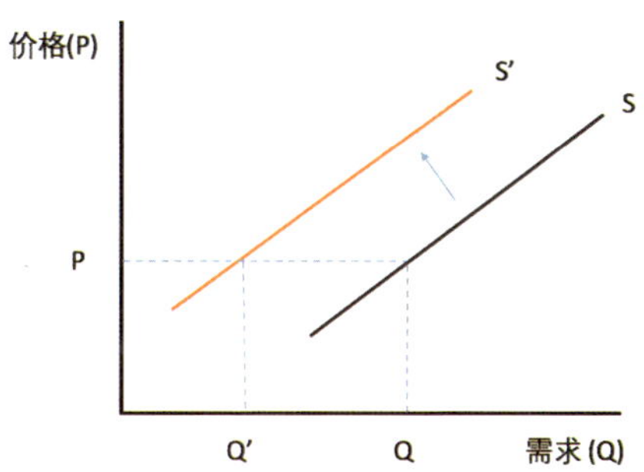

需要注意到的是，每个都会区的建筑成本不尽相同。

◎ 对未来市场需求和价格的预测

在评估项目可行性时，“对市场需求和价格的预测”是影响投资收益的重要因素。一般来讲,需求和价格/租金上涨会对新建量产生正向影响，鼓励开发商扩建，使供给曲线向下平移(见下图)。

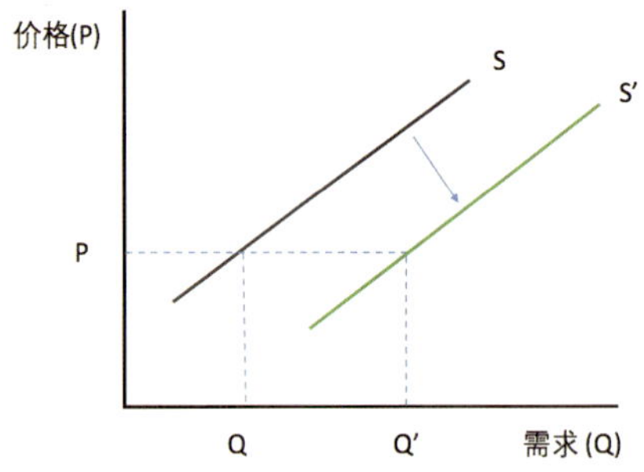

◎ 市场风险

地产新建量会被市场风险或某种地产类型的不确定性影响。由于地产价格低的地区风险较高，开发商缺乏建设的动力，因此市场风险和不确定性与新建量成反比。

3.3 价格调整

3.3.1 价格决定机制

像其他市场一样，房地产市场的价格 / 租金由需求和供给曲线的交点决定。下图中两条线的交点表示：在这个价格 / 租金上，潜在购房者 / 租客数量恰好等于房东 / 买家的数量，每个人的需求都能得到满足（Q_D=Q_S）。在经济学中，我们称其为平衡水平 (Equilibrium Level)。

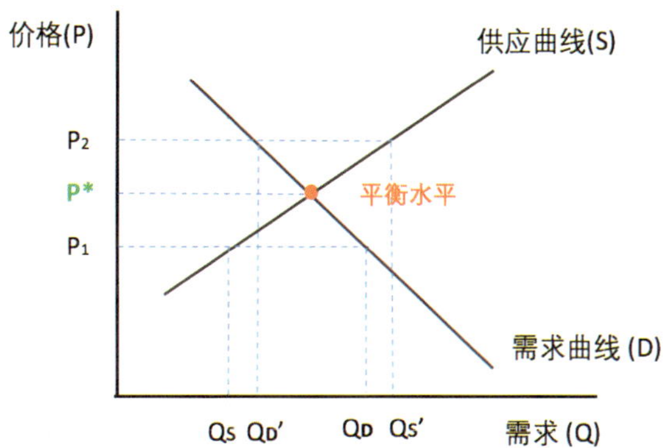

◎ **如果市场价格在 P_1 位置，低于平衡水平：** 此时，需求 Q_D > 供应 Q_S，未满足的需求会拉高价格，迫使一些买家离场，同时也会吸引更多卖家。当价格达到 P* 点时 ($Q_D = Q_S$)，买家将不再推动价格上涨。

◎ **如果市场价格在 P_2 位置，高于平衡水平：** 此时，需求 Q_D'< 供应 Q_S'，卖家不得不降价吸引买家。当价格下降至 $Q_D = Q_S$ 位置时，卖家将不会继续降价。

3.3.2 长期和短期内的价格变化

假设一批中等收入的人口移居西雅图。短期内，由于人口突然增加，西雅图中等价位的房屋需求将迅速上涨，推动需求曲线向上平移至 D’（下图左）。建筑的滞后性使库存在短时间内维持不变，因此房价 / 租金的涨幅会相应较高。但随着时间的推移，新项目不断竣工，库存会逐步跟上需求，使房价 / 租金涨幅下降。当供应量上升至 D’与 S 的交点时，市场需求被完全满足。此时，除非有能造成需求震动的极端事件发生，不然开发商不会追建同类新项目。

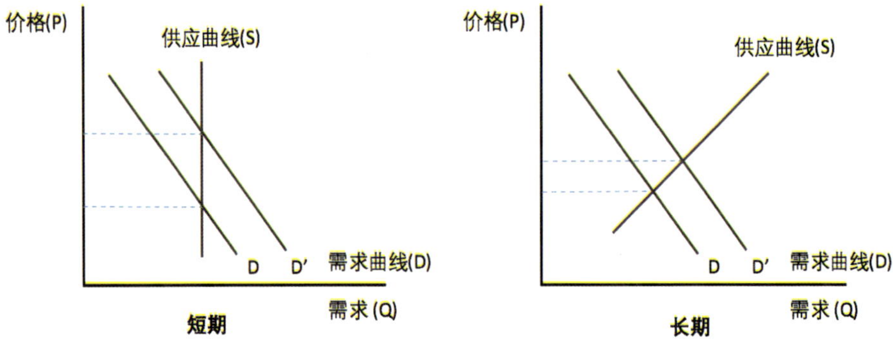

从上图我们可以看到，长期的价格变化反应在供应弹性曲线 (Elasticity of the Supply) 的坡度上。供应对需求上涨回应的速度越快，其价格弹性越大，供应曲线的坡度越缓，价格上涨的幅度也就越小。如果供应对价格有完全弹性 (Perfectly Elastic Supply)，那么供给曲线将会变成一条水平直线，价格涨幅为零。地产价格在长期内的涨幅永远低于短期。

3.4 供需不平衡

一些低效率因素使房地产市场的需求、供应和价格 / 租金很难迅速对外界环境做出调整，无法达到供需平衡 (Demand-Supply Equilibrium)。这些低效率因素包括：

◎ **信息缺乏：**项目的地点、质量千差万别。投资者很难及时且准确地获取所需信息并依据其做出决策。信息的缺乏迫使买家和租户不得不拉长调查时间，使需求无法迅速根据价格调整。

◎ **建造滞后：**取决于地产类型，建筑滞后从几个月至几年不等，使供应无法及时根据需求和价格改变。

◎ **长期租约：**商业地产的长租约使租金很难根据当前市场供需调整。

CHAPTER 4

挑选项目

4
挑选项目

4.1 影响项目表现的因素

以下我们将由面及点地剖析影响项目收益的三方面因素。

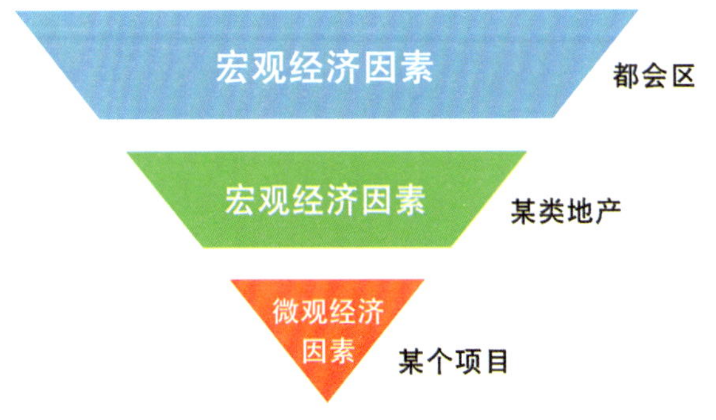

4.1.1 影响都会区整体的宏观经济因素

它包含所有影响都会区经济及其地产市场整体的因素，例如：全球化竞争的加剧可能危害某地区的支柱产业；汇率的巨大改变可能造成贸易逆差，损害国内企业利益；国家主要贸易伙伴的经济腾飞可能为依赖出口贸易的都会区带来商机；利率的浮动可能影响新楼盘的建造数量，降低房地产市场的总供应量等等。无论该因素来自国际、国内还是地区，都会在不同程度上影响都会经济及其房地产市场。由于每个都会区的产业结构和部门组成不尽相同，同一因素在不同地区造成的影响将有所差异。

4.1.2 影响某类地产供需的宏观经济因素

以办公楼地产为例，由于其需求与白领行业（如：金融、保险、信息技术）的就业情况息息相关，因此影响该类企业发展的宏观经济因素（如：政府放宽对金融行业的监管）会造成办公楼地产空置率和出租面积的改变。市场供应方面，办公楼地产的兴建会受到土地、劳动力和建材成本改变的影响。以上提到的宏观经济因素均会影响某类地产的市场供需关系，进而改变其净吸收 (Net Absorption)、空置率 (Vacancy Rate) 和平均市场租金 / 价格 (Average Rents/Prices)。

4.1.3 影响某个项目的微观经济因素

某些因素会影响特定项目的供求关系。需求方面有：地点、建筑质量及设施和终端客户（租客）的偏好及其支付能力。供应方面有：政府规划要求、区域未来发展方向和周边同类项目（已有和新建）等。总体来讲，以上微观因素会不同程度地影响项目在市面上的竞争力，进而决定其租金 / 售价，以及多快能够出租 / 出售。

4.2 市场调查

详尽的市场调查是所有商业决策的基石，它不仅帮助您了解当地经济大环境和市场发展动向，还可以评估项目是否能达到您的投资目的和预期。一个完善的市场调查需要考虑上文提到的所有宏观和微观经济因素，包含：都会区发展分析、房地产市场的宏观经济分析和微观市场性分析三大方面。

市场调查组成

	都会区发展分析	房地产市场的宏观分析	开发项目的微观分析
调查单位	项目所在都会区（经济体）。	项目的竞争市场：所有对项目有需求的地区和竞争项目所在的地区。	项目地点及其周围区域。
调查核心	都会区发展的原因和结果。原因主要包含：产业需求转移、产业结构、因追求生活舒适度而产生的迁移。结果着重看人口、就业和收入增长随时间的改变。	市场强度在过去和现在的评估指标：实际市场需求、供应量、售价 / 租金以及不同产品类型或客户群体的空置率。	地点 / 项目设施及其局限性、客户偏好和财力、项目的竞争性定位，以及相应的销售速度和价格。
调查结果	都会区未来的发展规模及其对房地产买卖和开发的影响（机遇和限制）。	预测项目在销售和持有时的净吸收、供应量、租金和空置率。	选择 / 评估地点、预测项目的租金 / 售价和销售速度。
意义	为评估不同类型地产的需求做准备。	为挑选开发项目、客群和最佳投资入场时间做准备。同时，也为随后的“微观分析”和“财务可行性分析”提供数据。	为“财务可行性分析”和“项目的可行性评估”提供数据。

4.2.1 都会区发展分析

由于房地产具有长久使用的属性，新空间的需求主要随人口、就业和收入的增长而增加，而地产置换和公司搬迁则为影响需求的次要因素。需要注意的是，由于地产贬值速度较慢，“地产置换”产生的需求较少，上述两种次级因素并不会带动都会区整体地产需求上涨。

◎ 调查单位

项目所在的都会统计区（MSA）、主要都会统计区（PMSA）或联合都会统计区（CMSA）是都会区发展分析调查的单位。

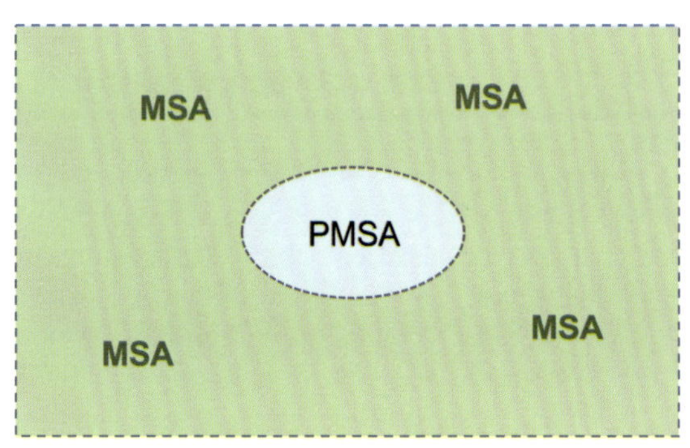

联合都会区 (CMSA)

区域	定义	例子
都会统计区 (MSA)	由一个或多个县组成，城市人口超过 50,000。	西雅图—塔科马—贝尔维尤都会区，包含： • King County • Snohomish County • Pierce County

<table>
<tr><td>主要都会统计区
(PMSA)</td><td>满足都会区要求，且人口超过 1,000,000。</td><td rowspan="2">西雅图—塔科马联合都会统计区，包含：
• Seattle-Tacoma-Bellevue, WA Metropolitan Statistical Area
• Olympia-Tumwater, WA Metropolitan Statistical Area
• Bremerton-Silverdale, WA Metropolitan Statistical Area
• Mount Vernon-Anacortes, WA Metropolitan Statistical Area
• Oak Harbor, WA Micropolitan Statistical Area
• Centralia, WA Micropolitan Statistical Area
• Shelton, WA Micropolitan Statistical Area</td></tr>
<tr><td>联合都会统计区
(CMSA)</td><td>由两个或以上有经济或社会往来的相邻都会区（MSA）组成的区域，有人口 1,000,000。</td></tr>
</table>

都会区作为调查单位的原因主要有两点：① 每个都会区都是完整的经济体，其宏观经济因素会对房地产市场的供需关系产生影响，进而改变净吸收、竣工量、空置率和售价 / 租金。② 每个都会区都有自己完整的房地产市场。从需求角度来讲，同一都会区内的每个次级市场都是其他次级市场的替代品，但却无法与其他都会区的次级市场相比。

以办公楼地产为例，如果您只调查某个次级市场（如：华盛顿州的贝尔维尤市）的办公楼地产供需，而忽略其所在都会区（如：大西雅图地区）的话，那么调查结果很可能不准确。

原因就在于：① 特定地点和建筑的需求不仅受到所在次级市场企业发展的影响，还会受到同都会区其他次级市场以及想从其他都会区迁入企业的影响；② 由于同一都会区中不同次级市场的同类办公楼

地产存在竞争关系，只调查某个次级市场办公楼情况会低估市场竞争程度，影响您对项目前景的判断。

◎ 调查核心

调查的核心包括都会区发展的源头、机制和结果。源头主要指：工业产品的需求变化、产业结构、因居住条件而产生的人口迁移和劳动力供应转移。机制和结果主要指：产品和劳动力市场的供需关系以及它们对人口、就业、收入增加的影响和对房地产需求的改变。

◎ 调查结果

评估项目所在都会区当前和未来的发展模式（需求诱导型还是供应诱导型）；就业和资本发展的方向和程度，以及它与财富累积的关系；房地产投资和开发出现的机遇和限制。

◎ 意义

为房地产市场的宏观需求分析打好基础，同时收集需求可能在未来上涨的地产类型和客户群体相关的信息。在这个阶段，您并不能决定是否投资某个项目。

4.2.2 房地产市场的宏观分析

随着时间的推移，影响房地产市场供需的宏观因素会使租金和空置率浮动，为精明的投资者创造获利机会。如果您看好房地产的整体发展，想用低点买入、高点抛售的方式获利的话，就需要找到合适的“入场”

时机，选定最能提供丰厚回报的地产类型和目标市场。宏观市场分析的目的就是帮助您尽量准确地评估市场未来需求、供应、租金和占有率，为做出合理的投资决策准备。

◎ 调查单位

项目的竞争市场，包括对项目有需求的地区和所有竞争项目所在的区域。

◎ 调查核心

主要关注能代表过去和现在市场强弱的指标，如：不同项目和消费群体的实际供需、空置率和租金 / 价格。除此以外，调查核心也可以围绕与项目相关的地产类型进行。需要注意的是，您不仅需要回顾和了解市场走势，更要明确是什么因素导致了市场指标的变化，便于准确预测未来走向。

◎ 调查结果

预测市场的实际需求（或净吸收）、竣工量、总库存、空置率和售价 / 租金。

◎ 意义

指导您选择投资“入场”时机，同时帮助您确定适合的项目和客户群。除此之外，这份调查还为随后的微观市场分析和财务可行性评估提供了宝贵信息（如：预测市场供需和售价 / 租金指数）。市场供需预测是计算项目市场份额和出售快慢的必要信息，而市场售价 / 租金预测则是预估项目收益的基石。

4.2.3 微观市场分析

微观市场分析的核心在于根据终端客户对地点和产品特点的要求，设计可以匹配的开发项目，使价值最大化。在判断某个项目的表现及其能够达到的租金水平时，您不仅需要考虑未来市场前景，还要了解项目特点和位置，投资最有价值的地产类型。

◎ 调查单位

特定的项目 / 地块及其临近区域。同时，您还需要挑选并评估有潜在竞争关系的开发项目。

◎ 调查核心

根据过往市场交易数据，仔细评估地点 / 项目的设施和局限性、客户的偏好及其支付能力；确定项目在市场上的竞争地位；通过“房地产市场的宏观经济分析”得到的市场预测来预估租金 / 售价和销售速度。

◎ 调查结果

包含地块和地点的评估和选择，以最大化市场性和价值为目的调整项目设计，预测租金 / 售价和销售速度。

◎ 意义

为项目的财务可行性评估提供了重要数据，如：价格 / 租金和可能的销售 / 出租速度。

总的来讲，市场调查提供的信息可用于评估：

- 都会区发展前景及其对当地房产市场的影响。
- 某一类型地产（如：办公楼、酒店）的市场强弱和前景。
- 项目所处地块的优劣势，提前优化项目设计，预测未来的销售 / 出租速度和现金流。

需要强调的是，市场调查不同于财务可行性调查 (Financial Feasibility Analysis)，后者结合市场调查得到的租金 / 售价和销售速度，以及其他地产运营数据来判断该项目是否能够达到您的财务目标。

CHAPTER 5

准备投资

5
准备投资

5.1 定好预算，备齐资金

无论是投资住宅还是商业地产，资金准备都是您最先要考虑的问题。美国的地产投资具有很强的时效性，且卖方经纪人会在提供项目详情前索要投资者的资金证明，如果此时您还未将资金转移至香港或美国，即便遇到心仪的项目，也会与其失之交臂。

5.2 与专业团队合作

与住宅不同，商业地产的投资金额大、项目复杂、周期长、牵扯的问题方方面面，因此对从业人员的整体专业素养要求很高。任何环节出现问题，很可能让整个交易化为泡影。为了能够做到层层把关、降低每个阶段的风险，您需要一个专家团队的支持，而非单一地产经纪人那么简单。以下介绍的每位团队成员均要熟悉商业地产，且具备该领域的实战经验：

◎ 投资顾问：指导并帮助您明确投资目的、分析市场的宏观和微观经济环境、依照您的需求匹配性价比最高的项目、辅助您与团队其他成员沟通。

◎ 商业地产经纪人：依照您的需求寻找项目、监控并完成整个交易。

◎ 注册会计师：为您分析财务状况，成立信托、公司，提供合法节税的购买策略，监控地产运营开销等等。

◎ 律师：成立家族信托和公司、协助商业地产经纪人完成交易、审核项目的尽职调查文件及贷款文件、代表买家与卖家及贷款机构就合约条款协商。

◎ 贷款机构经纪人：寻找并推荐贷款方案、完成贷款申请。

◎ 保险经纪人：除了在产权公司所购的产权保险 (Title Insurance) 外，您还需要购买商业地产保险 (Commercial Property Insurance) 来保护大楼建筑、设施和个人财产以及营业收入等多个方面，降低天灾或意外带来的经济损失。

5.3 明确投资目的

充分了解自身财务状况、确定预算后，您就要开始思考投资目的了。像其他任何一种投资方式一样，商业地产的风险和收益并存。如果您能在购买之初就与顾问商议好投资策略，那么势必会事半功倍，稳操胜券。虽然商业的投资思路有千百种，但归根结底都离不开以下三点：地产持有时间、风险承受能力和地产类型偏好。

5.3.1 地产持有时间

您是希望长期持有还是短期买卖？更看重稳定的现金流还是资产增值？如果您只打算短期持有、快速为地产增值再转手的话，那么可以购买建筑年龄较大的地产，维修翻新并重新招租后再以高价出售，赚得差价。由于这类地产的买入价、所在位置和翻修成本控制极为关键，适合对市场十分了解的投资者。

如果您计划长期持有、重视保值或资产传承的话，可以投资核心地段的公寓楼或办公楼；如果您才踏入商业地产门槛、预算并不十分充裕，可以从购买单一租户的 NNN（房东免责）租约地产开始，慢慢熟悉市场，逐步积累经验和财富。

5.3.2 风险承受能力

高回报常伴随着高风险，因此您对风险的承受能力是决定投资类型的另一个关键因素。以短期增值类投资为例：大楼翻新的回报十分诱人，可以使您迅速积累财富，但同时它存在的隐藏式开销和结构问题也可能导致整个项目严重超支，最终以赔钱收场。有时即便维修能控制在预算之内，周边新楼盘的竣工、市场的波动、人口的下降、经济大环境的动荡等外因也可能使修缮后的大楼难以出租或转卖。

5.3.3 地产类型偏好

左右投资者选择某个地产类型的因素包括：个人偏好，过往从业经验，地产投资经历，愿意付出的时间、精力和金钱，能够承担的风险等。

在第二章中，我们详细介绍了美国商业地产的主要类型和影响其表现的微观和宏观因素。

近年来，美国制造业的回温和电子商务的蓬勃发展使工业地产的需求大幅上升，而网购对实体店的冲击则使投资购物中心的人们开始重新思考大众的购物体验。随着电子化信息存储的推广，办公楼中员工的人均使用空间将被压缩的越来越小。同理，科技改变医疗数据的共享方式后，小型医疗办公区的需求正逐渐上升。

以上我们提到的几点仅为影响商业地产投资方向的几个趋势，在了解宏观动向的同时，您仍需结合当地情况，始终将投资决策围绕在“地点，地点，还是地点”这个不变的原则上。

现金流地产投资思路

风险: 高
收益: 高

这几种地产的风险大小难以排序、完全取决于项目的地理位置、租户数量、建筑品质、市场趋势、宏观经济形势等因素。

风险: 低
收益: 低

办公楼

影响需求& 投资的因素

- 公司需求及员工平均每人所用空间。
- 办公楼员工大多为白领，因此该类工作数量增加，会提升办公楼地产的需求。

优点

- 租客较易接受租金上涨。
- 租客品质一般较高(专业人士 。
- 建造办公楼耗时长，因此只要需求上涨，租金就会随之增加。

缺点

- 售价高，投入资金大，尤其是坐落在核心地段的地产。
- 办公楼市场对外部经济形势的变化较敏感，回报率浮动较大。
- 运营成本高。
- 租户周转成本高。

零售

影响需求&投资的因素

- 地点、可见度、人口密度、人口增长和收入水平。
- 一般发展中经济地区的回报率较高。
- 是否已有大型知名租户入驻。

优点

- 零售的租约一般比办公楼长，且租户搬走的可能性较低，回报更稳定。

缺点

- 受经济环境影响大。
- 经济衰退时空置率高。

工业地产

影响需求&投资的因素

- 功能性 (如: 天花板高度
- 交通便捷性(如: 是否靠近高速或港口
- 建筑配置
- 装卸
- 空间专业化程度(如: 是否有起重机或冰柜

优点

- 投入资本少于办公楼和零售。
- 租金稳定。
- 集中管理需求少。
- 运营成本低。

缺点

- 由于常为单一租户，且租用空间大，因此空置成本高。
- 更换租户后可能要按新租户的要求改造。

公寓楼

影响需求&投资的因素

- 地点、城市发展、当地就业、人口、收入水平。

优点

- 收入最稳定，现金流大、风险小、投资回报率好。
- 最易获得贷款。
- 无论经济好坏，住宅都是刚性需求。
- 可以根据市场供求，迅速上调租金。
- 租户周转成本低。
- 即使有几户空置，对整体的租金收入影响也不大。
- 运营成本可以分摊。
- 如果大楼整修/重建，或政府土地规划升级，地产会升值。
- 有规模经济优势。

缺点

- 首付比例大。
- 物业管理费较高。
- 相比其他商业地产类型，流动性较弱。
- 租客可能拖欠房租。
- 租约短，租客周转大。

房地产信托基金 REITs) & 众筹 Crowdfunding) 中都可能包含以下种类

主动型投资者

风险: 高
收益: 高

被动型投资者

风险: 低
收益: 低

生地 Raw Land)

优点

- 开发潜力大。一旦未来区域规划升级或地区经济繁荣发展，土地的价值将飙升。
- 可以囤地，不存在熟地面临的开发许可过期的问题。

缺点

- 由于生地还未变“熟”，土地和市场的不确定性大，风险很高。如果囤地，则属于投机行为。
- 由于风险大，贷款机构不愿放贷，投资者只能用现金买地。
- 对投资经验、市场趋势把握、人脉和专业度的要求极高。
- 一般无现金流。

熟地开发 (Lot)

优点

- 熟地，即拥有开发前的一切许可
  - 可行性报告 (Feasibility Study)
  - 土地使用许可 (Land Use/Master Use Permit)
  - 建筑许可 (Building Permit)
- 可立即开工。

缺点

- 由于将一块生地变“熟”的过程复杂，需要花费大量时间(约1年)和金钱，因此其售价远高于生地。
- 开发潜力已限定，需根据已有的土地使用许可和建筑许可施工。
- 虽然熟地的风险低于生地，但仍有来自贷款、施工、成本核算、人脉等方面的不确定性。
- 在美国没有开发经验的投资者很难独立进行，需要与本地开发商联手。
- 施工耗时约1年，存在经济周期和市场的不确定性。
- 基于对投资回报税率的考量，大楼建成后并不立即销售，会经营至少1年，存在运营风险。
- 一般无现金流。

股份制合资 (Real Estate Syndication)

优点

- 这种投资模式结合了土地开发与众筹(Crowdfunding)的特点。项目发起人主要投入其丰富的开发经验和人脉、提供绝佳的投资机会、承担贷款风险$并且负责管理地产，而投资者只需注资即可。
- 通常将项目放在单独建立的LLC下，出售LLC股份的一部分，投资者成为股东，即使亏损也不被追讨个人财富。
- 投资者得到LLC 股份 + 建筑的% +地产租金回报 + 年优先回报 + 年回报。
- 大楼建成后至出售期间，投资者会得到租金收益。
- 与房地产基金(Funds)的盲目注资不同，投资者十分了解所投地产。
- 投资者与项目发起人的合作关系较长，合作结构的搭建也更灵活，双方可以商议地产出售的时间和价格。
- 发起人在项目中投入了一定资金，其利益与投资者统一。
- 地产拥有稳定且良好的回报。

缺点

- 只有合格投资者(Accredited Investors)，即财富净值$100万以上或近两年年收入为$20万，并能在未来持续的人才能参与。
- 投资周期长。存在经济和市场的不确定性。土地开发流程从生地开始。一般需1年得到所有开发许可，1年左右建楼。
- 基于对投资回报税率的考量，大楼建成后并不立即销售，会经营至少1年，存在运营风险。
- 发起人可能会急于投资新项目而以较低价格将建成项目出售。

建筑翻新/改造 Flipping)

优点

- 改造的常为旧楼或历史性建筑，与住宅翻新类似。
- 改造周期短，包含内部设计、外部装潢、大楼维修、加建等，完工后增值潜力大。

缺点

- 需要亲历亲为或聘请专业团队。
- 对市场未来趋势有准确的把握。
- 改造成本难控制，存在超支风险。
- 需要有相关经验和人脉。
- 如果完工后直接出售，则无现金流。
- 盈亏自己承担。

自用地产 Owner's use)

优点

- 可以是土地、建筑和现成的生意 (如: 酒店、度假村和农场)，或只有土地和建筑，然后经营自己的生意。无论是以上哪种，都有营业收入。
- 由于无租户，售价会低于有租户的地产。
- 装潢自由度大。
- 可以自用一部分，出租一部分。
- 如果全部自用，则无招租压力。
- 经营者即是拥有者，无租金压力，只缴水电费，成本可控。

缺点

- 如果经营自己的生意，则需亲历亲为，并且了解当地市场。
- 如果是购买别人的生意，那么需要具备经营和管理经验，不然要外聘团队，存在经营风险。
- 盈亏自己承担。
- 如果不分租部分空间，则无租金收入。

购买有租金收入的地产 Income-producing property)

常见

- 公寓楼
- 零售
- 办公楼
- 工业地产(如: 仓库)

不常见

- 酒店
- 小型存储
- 停车场

优点

- 通常为净租约(Net Lease)，如NNN、NN等。租约时间长，房东责任少，有时租户+ 总公司会担保，投资者很省心。
- 有稳定的租金收入。
- 容易获得银行贷款。

缺点

- 每种地产的缺点不同，我们会在下表中详细介绍。

5.4 地产回报指标

在评估和对比项目时，我们常需参考以下几种回报数据。

5.4.1 购买前或持有时的年度数据

1) 净运营收入 (NOI)

NOI 是用地产年收入（含租金、停车场和其他服务收入）减去运营损失（空置与租金拖欠）和开销。运营开销一般包括保险、物业费、水电费、地产税、维修费和清洁费。NOI 是税前收入，不含还贷额（利息和本金）、折旧及摊销。

NOI = Total Income - Vacancy Rent & Credit Loss - Operating Expenses
（总收入）（空置及租金拖欠损失）（运营开销）

2) 资产回报率 (Cap Rate)

它是地产的年运营收入与当前价值的比值。Cap Rate 反映了无借贷下地产的收益，是打算长期经营地产的投资者需要关注的数据。由于“年净运营收入”基于对未来的预测，Cap Rate 的数值会依市场情况浮动。

$$\text{Cap Rate} = \frac{\text{NOI（年净运营收入）}}{\text{Property Asset Value（地产当前价值）}}$$

◎ Cap Rate 与风险的关系

Cap Rate 与投资风险的关系十分紧密。从下面的公式可以看到，

Cap Rate 的数值由两部分决定：① 美国国债利率，② 卖家根据当前环境设定的投资风险值。由于国债利率在 10 年中恒定，因此 Cap Rate 与风险成正比。也就是说，Cap Rate 越大，回本越快，风险也越高。

Cap Rate = Risk-free Rate of Return + Risk Premium

（一般为国债利率）　　（投资风险）

选择哪种项目取决于您的预算、投资目的和可以承受的风险大小。如果您希望通过海外置业来传承家族资产，那么可以购买 Cap Rate 较低，区域大环境稳定的项目；如果您的预算并不充裕，可以考虑 Cap Rate 较高、买入价较低、需承担一定风险、但升值潜力大的项目。

◎ Cap Rate 与地产价格的关系

由于 Cape Rate 与买入价成反比，如果您想购买 Cap Rate 较高的项目，势必要在价格上动脑筋。一般来讲，售价较低的地产不是坐落在房地产市场发展较慢的美国中部，就是热门城市的法拍屋或卖家因个人原因（如离婚、破产、欠款）急于脱手、低价出售的资产。

3) 现金回报率 (Cash on Cash Return)

它是重视现金流的投资者最需要关注的数据，常用来计算长期贷款下，投入的现金产生的净利润。公式中，分子“税前年现金流”为净运营收入减去年还贷额（利息加本金），分母“年现金投入”为首付和过户费之和（可能还存在重建费用）。由于现金回报率没有考虑地产升值、税费优势和复利因素，只能作为判断项目好坏的前期指标，建议您只计算第一年的数值。虽然业界对现金回报率的数值没有统一标准，但无论如何都不能选择现金回报率为负的项目。

$$\text{Cash on Cash Return} = \frac{\text{Cash Flow Before Tax (税前年现金流)}}{\text{Total cash invested (购买地产时的现金投入)}} = \frac{\text{NOI (净运营) - Loan Payment (年贷款)}}{\text{Down Payment (首付) + Closing Costs (过户费)}}$$

5.4.2 针对整个投资

1) 投资回报率 (ROI)

ROI 为第 N 年出售地产时，整个投资的回报率，它的数值一般高于资产回报率 (Cap Rate)。

$$\text{ROI} = \frac{\text{Net Profit (整个投资的净利润)}}{\text{Total Investment (整个投资的总投入)}}$$

- **无贷款**：净利润 = 卖出价 – 买入价 – 所有开销（运营及非运营），总投入 = 买入价＋过户费＋整个投资期间的其他花费。
- **有贷款**：净利润 = 卖出价 – 首付 – 未付贷款 – 其他花费，总投入 = 首付＋过户费＋整个投资期间的其他花费。

举例说明

林先生购买了一处 \$1000 万的公寓楼，当时的资产回报率 (Cap Rate) 为 5%。他向银行贷款 \$500 万，利率 4%，贷款期限 10 年，30 年分期付款，月供 \$2.387 万，年还贷 \$28.644 万。过户费 \$20 万，年租金收入 \$167 万，营业开销 \$117 万。第 11 年时，林先生计划将大楼卖掉，此时他还有 \$394 万的未付贷款。以下为他该项投资的所有回报指标：

第一年的净运营收入 (**NOI**): \$167 万 - \$117 万 = \$50 万

如果地产的租金涨幅为每年 3%，那么 10 年后的净运营收入为 \$67 万。

假设当时的美国国债利率为 2.32%，投资风险指数为 2.4%，那么资产回报率 (**Cap Rate**): 2.32% + 2.4% = 4.72%，那么：

地产被卖掉时的价值 (**Property Value**): \$67 万 ÷ 4.72% ≈ \$1419 万

第一年的现金回报率 (**Cash on Cash**): $\frac{\$50\text{万} - \$28.644\text{万}}{\$500\text{万} + \$20\text{万}} \approx 4.1\%$

净利润 (**Net Profit**): \$1419 万 - \$500 万 - \$394 万 - \$20 万 = \$505 万

投资回报率 (**ROI**): $\frac{\$505\text{万}}{\$500\text{万}} = 101\%$

2) 内部收益率 (IRR)

内部收益率就像是投资回报率 (ROI) 的升级版，是将每年不同的现金流和时间因素列入考量，通过加权得到的结果。它计算的是，x 年后的今天某个项目的预期收益，用来帮助您对比、选择项目。

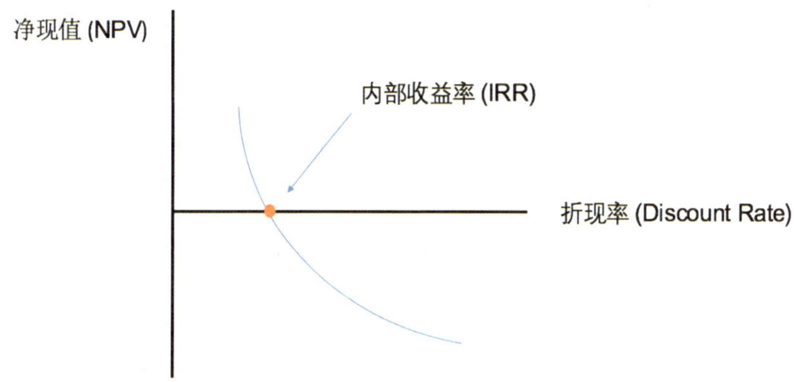

IRR 的数值是 NPV（净现值）= 0 时的折现率 (Discount Rate)（见上图）。在这个点上，该项目的收支正好打平。如果贷款利率高于项目的 IRR，则说明该投资会赔钱。在对比多个项目时，我们倾向于选择 IRR 值较高的。需要注意的是，由于 IRR 公式中的“时间”和“每年的现金流”需要预估，其计算结果存在偏差，您需要结合其他数据再做决定。

举例说明

这里，让我们用 IRR 对比一下零现金流地产和人寿保险这两种投资。“零现金流”指的是地产的净收入与贷款完全打平，且所有租金收入直接流进贷款机构。虽然这类无净收益的地产看似不具备任何优势，实际上却是高净值人士资产配置中的一匹“黑马”。

真正的零现金流地产需要同时满足“租客信用级别达到 BBB ”和“租期不少于 20 年”这两个条件。纵观美国的商业地产，符合上述条件的也只有能不断提供现金流的 Absolute NNN（绝对房东免责）地产了。绝对房东免责租约的租户负责缴纳租金、房产税及产权保险，房东无需管理或支付任何费用。

假设王先生计划投入 $100 万现金：

由于零现金流地产的贷款比例可达 80%-90%，王先生选择购买一处 20 年租约，10 年贷款，总价值为 $500 万的零现金流地产。在前 10 年中，王先生的租金会完全用于还贷，因此无任何净收入。从第 11 年开始，王先生每年将获得 $22.5 万租金（4.5% 租金回报率）。保守估计，在第 20 年时，即使地产市值不变，仍可以 $500 万原价将地产卖出。经计算，该投资的内部收益率 (IRR) 为 11%。

如果王先生选择首付 $100 万、前 10 年每年投入 $10 万的 20 年期的人寿保险，那么前 10 年中他将多投入 $100 万元。在第 11 年时，王先生开始获得每年 4.5% 的利息。在第 20 年时，他选择卖掉保险，获得 $300 万（一般出售所得约为起始投入的 3 倍）。经计算，该投资的内部收益率 (IRR) 为 9%。

	零现金流地产	人寿保险
投资实际价值	$500 万	$100 万
起始	投入 $100 万	投入 $100 万
第 1 - 10 年	无年投入， 无净收益	每年投入 $10 万
第 11- 20 年	年租金收入 $22.5 万	每年获得利息 $4.5 万
第 20 年结束时	卖出获得 $500 万	卖出获得 $300 万
总投入	$100 万	$200 万
内部收益率 (IRR)	11%	9%

通过以上数据可以看到，IRR 较高、投入资金较少的零现金流地产显然是王先生更好的选择。

5.5 决定是否建立家族信托

作为在西方高净值人群中相当普及的财产规划方式，家族信托也开始受到越来越多国人的关注。这种成熟的资产管理模式需要您具有长远规划的眼光，在投资前明确目的、做好前期准备，并在专家团队的帮助下实现家族从创富到传富的梦想。

5.5.1 什么是家族信托？

家族信托 (Family Trust) 是生前信托 (Living Trust) 的一种。一般指委托人 (Settlor) 将其财产的所有权交给受托人 (Trustee)，并要求其按照信托条款，以财富规划和传承为目的，保护、管理家族资产，并按委托人的规定将资产或收益给予受益人 (Beneficiaries)。

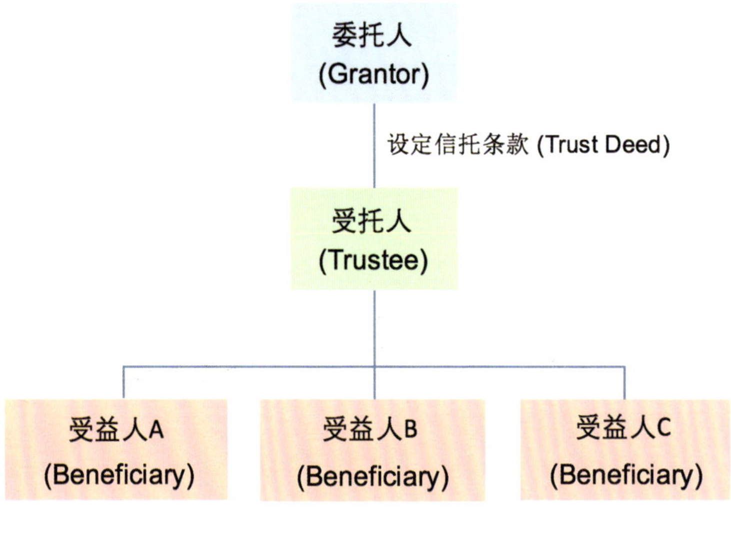

家族信托常见构架

5.5.2 家族信托的种类

家族信托可以按照能否撤销和委托人是否放弃权力来分类。一般来讲，所有可撤销信托 (Revocable Trust) 都是委托人信托 (Grantor Trust)，所有不可撤销信托 (Irrevocable Trust) 都是非委托人信托 (Non-Grantor Trust)。

	委托人 / 可撤销信托 (Grantor / Revocable Trust)	非委托人 / 不可撤销信托 (Non-Grantor / Irrevocable Trust)
构架	■ 资产所有者集委托人、受托人和生前唯一受益人身份为一身。 ■ 该信托并非一个独立个体。 ■ 所有者临终前，可以让新受托人将财产一次性付给新受益人，或分期从信托中下发。	■ 委托人放弃了信托下资产的所有权和其他权力，指定某个受托人管理资产。委托人、受托人和受益人三者不能为同一人。 ■ 此类信托一旦生效便无法更改，只有受托人才能终止信托。
目的	■ 委托人去世后，新受托人按委托人要求分配财产，免除法庭遗产认证(Probation) 环节。这样做不仅保护了家族隐私、节省了开销，还加快了财产分配和继承速度。	■ 保护家族资产不受追讨，免缴遗产税，同时无需通过法庭的遗产认证(Probation) 就可分配遗产。
委托人权利	■ 拥有所有权力。可随时变更信托条款或终止信托，也可控制、使用和管理信托下的资产。 ■ 该类信托可变为不可撤销信托。	■ 无任何管理或支配权。
信托资产所有者	■ 委托人（其资产可被外界追讨）。	■ 信托（资产无法被外界追讨）。
税费	■ 委托人以个人名义为信托下的所有收入（租金、分红、利息、版税等）和资产报税，其中包括： – 个人所得税（联邦、州、县） – 资产增值税（联邦、州、县） – 赠予 / 遗产税（联邦、州）	■ 如果信托收入未发给受益人，那么以信托名义报“信托所得税”或“信托资产增值税”。 ■ 如果收入已发给受益人，那么按个人所得税或资产增值税率报税。 ■ 无需缴纳赠予 / 遗产税。

5.5.3 法律注意事项

取决于所在州的法律，信托的设立、管理、财产分配和税费都不尽相同。

5.5.4 三大优势

1) 税费减免

对于高净值人士来讲，税费优势无疑是家族信托最吸引人的一点。

如果不成立信托，家族成员将面临繁重的赠予税和遗产税。如果是在生前给予，则被视作“赠予”，需缴纳赠予税 (Gift Tax)，2017 年美国每人每年的免税额度为 $1.4 万（夫妻 $2.8 万）。如果是去世后给予，则被视作“遗产”，需缴纳遗产税 (Estate Tax)，2017 年每人的免税额度是 $549 万元（夫妻 $1098 万）。无论是赠予还是遗产，只要超出免税额度，就要缴纳最高 40% 的联邦赠予 / 遗产税税率（下表）。除联邦税外，超过 $212.9 万的遗产还需要向州政府缴不同比例的遗产税。例如：华盛顿州的遗产税为 10%-20%（下表）。

2017 联邦遗产和赠予税税率

需缴税部分	税率
$0 – $10,000	18%
$10,001 – $20,000	20%
$20,001 – $40,000	22%
$40,001 – $60,000	24%
$60,001 – $80,000	26%
$80,001 – $100,000	28%
$100,001 – $150,000	30%
$150,001 – $250,000	32%
$250,001 – $500,000	34%
$500,001 – $750,000	37%
$750,001 – $1,000,000	39%
$1,000,001 +	40%

2017 华盛顿州遗产税税率

需缴税部分	税率
$0– $1,000,000	10%
$1,000,000 – $2,000,000	$100,000+14%
$2,000,000 – $3,000,000	$240,000+15%

$3,000,000 – $4,000,000	$390,000+16%
$4,000,000 – $6,000,000	$550,000+18%
$6,000,000 – $7,000,000	$910,000+19%
$7,000,000 – $9,000,000	$1,100,000+19.5%
$9,000,000	$1,490,000+20%

如果您生前设立了不可撤销的家族信托 (Irrevocable Trust)，那么其下所有资产将无需缴纳遗产税，节省了很大一笔开销。当然，您也可以将过去投资的地产放入信托下，降低自己所得税的同时，有效地保留和传承家族财富。

2) 依照委托人意愿分配资产，优化家族资产配置

与纯粹给予资产的遗嘱不同，家族信托可以通过委托人（如：企业家）对受益人（如：子女及其后代）继承和使用其财产的要求来防止受益人滥用或被骗，达到遗产控制和管理的目的。

例如：某人生前拥有 $1000 万的家族资产，如果通过遗嘱的方式传给下一代，儿女便拥有绝对所有权和支配权。但如果通过家族信托传承，委托人可以在协议中规定"子女只有在获得大学本科学历且年满 25 周岁之后，才能获得每年 $ x 万的信托资产"或要求"子女只能使用其中的 $ y 万作为个人开销，其余作投资使用（海外房产、基金等）"。

当然，家族信托的委托人也可以规定，在特定时间内（如：去世后 20 年后），信托的委托人将变更为子女等。

3) 资产隔离保护

不可撤销的家族信托还可以避免家庭成员和外界对资产的追索和分割。由于信托成为委托人财富的新所有者，且为独立存在的个体，任何外界的变故都不会影响信托资产的存在，同时也有效避免了家族成员间的遗产纠纷。

5.5.5 通过信托购买海外房产

考虑到信托的种种优势，您可以使用家族信托中的资金来购买大额地产。根据资产的大小和分配的复杂程度，家族信托的建立周期不尽相同，一般为 2—4 周。在明确投资目的、挑选地产前，您就要建立好信托，避免错失投资良机或日后支付额外费用。

5.5.6 家族信托在地产投资上的劣势

◎ **时间和费用**：如果您要建立的家族信托结构复杂，那么它的建立和财产转移可能需要较长时间，同时也需要支付较高的法律费用。除此之外，会计师对于信托报税、审计和咨询费用也相应较高。

◎ **贷款**：信托的贷款流程复杂，您需要找到有相关经验的贷款经纪人协助您完成。

◎ **税费复杂**：信托的税费会因所在州法律、信托结构、成员身份、资产大小、资产种类等因素有所差异。某些州会出现双重征税问题。

5.5.7 成立信托的注意事项

◎ **咨询律师、会计师意见**：由于信托的设立过程涉及家族财富的保护与继承，您需要就相关问题咨询有经验的律师和会计师。

◎ **严选信托设立国和银行**：由于信托属地的不同（如：新加坡、中国香港、开曼群岛等），相关国家和地区的法律对信托的具体规定也有所差异。您需要通过正规投资机构，在顾问团队的指导下做出明智的选择。

举例说明

方先生是国内某上市公司的CEO，其家族企业在过去的十几年中不断发展壮大，业务遍及海内外。方先生的父亲，家族企业的创始人计划投资$5000万用于美国商业地产，并打算在未来将其海外资产传给孙子和孙女。

根据方先生的家庭背景及投资目的，NAREIG投资顾问率领的律师及会计师团队为他搭建了特殊的家族信托框架（见下图）。其中，方先生的父亲作为信托的委托人，将把$5000万的信托基金授予方先生的太太（受托人），由她代为管理和使用，为孙子和孙女（受益人）最大化信托利益。作为信托的保护人，方先生主要负责监督太太的管理，确保她按照父亲拟定的信托条款进行利益分配。例如：根据方先生父亲的意愿，孙子和孙女在18岁前，每年只可从信托中支取3万美元；如有医疗需求，每年最多可支取 20 万美元等。

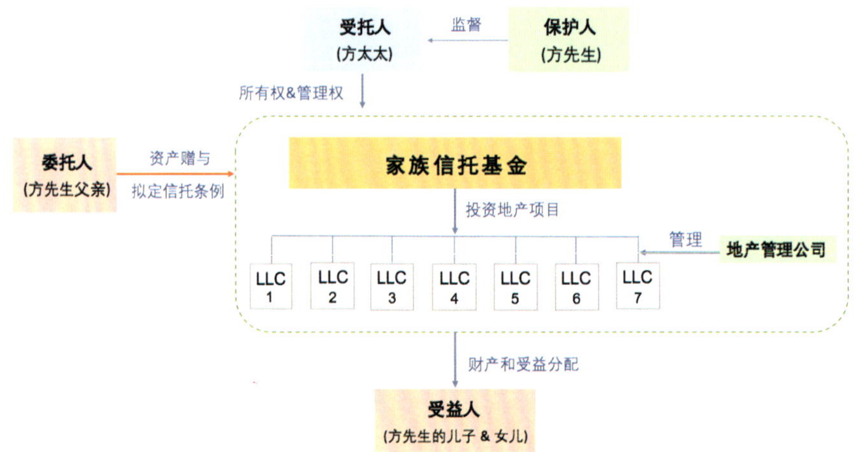

由于传承美国信托资产无需向政府交纳高额的遗产税，方先生决定利用信托中的资金来购买商业地产。考虑到建立有限责任公司 (LLC) 能够在隔离项目间风险的同时保障个人资产免受债权人索偿，方先生的投资顾问分别为其看中的 7 个地产项目成立了公司。家族信托下成立的所有公司将由方先生设立的地产管理公司统一管理，收益全部上交信托，并以信托名义向政府报税。

5.6 决定公司类型

为了更好地保护个人财产，建议您在美国成立公司，并将所购地产放在公司旗下。由于公司的种类繁多，涉及法律和税务的方方面面，您需要在会计师和律师的帮助下选择最适合个人投资发展的公司类型。以下，我们仅为您介绍最常见的四种企业组织形式。

	独资企业 (Sole Proprietorship)	合伙公司 (Partnership)	股份有限公司 (Corporation)	有限责任公司 (LLC)
定义	个人出资经营并为公司决策负全责。	两个或以上合伙人共同出资并承担公司责任。	最常见的一种组织形式，一个或以上股东出资构成。公司是法人，是独立于其成员的法律实体。	这是一个混合型的公司结构，它既有股份公司中所有者仅以自己出资额为公司债务负责的特点，又有合伙企业中的税收优惠和操作的灵活性。
建立形式	所有者决定经营时便自动建立，无需申请。	两个或以上出资人决定合伙时便自动建立，无需申请。最好有合伙人协议 (Partnership Agreement)，规定彼此的权利和义务 。	需向州政府提交“公司成立章程” (Articles of Incorporation) 才能建立。每个州收取的费用不等，在几个州开展经济活动，就需要在几个州分别注册。	需向州政府提交“公司成立章程” (Articles of Incorporation) 才能建立。
组织构架	不像股份有限公司那么正式，无需任命董事和经理。所有者拥有全部决策权。	不像股份有限公司那么正式，无需任命董事和经理，但几个合伙人需要投票做出决策。	包含股东、董事、经理和员工。股东为公司所有者，但不具有管理公司的权力。股东选出的董事负责分配公司资源，提高股东收益。经理则负责监管公司日常工作，执行股东和董事的决策。	所有者即为公司成员，组织构架非常灵活，不一定要雇佣员工。
责任	出资者对公司的债务负有无限责任。债主可以对公司合伙人的个人财产进行追讨。		股东仅对自己向公司投入的那部分资产负责。即便公司破产，股东的个人财产也不被追讨。	所有者仅对自己向公司投入的那部分资产负责。即使公司破产，成员的个人财产也不被追讨。
税务	公司的收入或损失将下放到个人名下申报个人所得税。公司无需为其利润向国税局 (IRS) 缴纳公司税。		双重税。公司为其利润缴纳“公司税”，股东为其分到的收益缴纳“个人所得税”。	公司不报税，而将利润和损失下放给所有者，以其名义报个人所得税。
正式性	较少法律文件要求。无需开年会或向州政府提交年度报告 / 财报。		要开董事会和年会，并保留所有财务及会议记录。需向州政府提交年度报告 / 财报。	无需开正式会议或纪录会议内容，但要向州政府提交年度报告。

CHAPTER 6

购买流程

6 购买流程

6.1 寻找并确定项目

商业地产团队的投资顾问在深入研究您的需求后会与地产经纪人一起，通过当地丰富的人脉寻找公开和非公开项目，带您实地考察，逐渐缩小项目范围。

根据项目的不同，您需要对比以下数据：价格、地点、面积、所属城市规划区、周边物业、人口和就业增长、车流量、交通便利程度、地区基础设施发展、建筑状况、同类地产库存、新竣工项目数量、再出售潜力等。

在锁定 2—3 个项目后，投资团队将为您详细分析和对比不同项目的财务状况及核心优劣势，最终推荐一个能够最大化您利益的项目。在第四章中，我们详细介绍了如何分析和挑选项目。

6.2 准备贷款

如果您想借助贷款的杠杆优势提高收益，那么接下来就要请投资团队的贷款经纪人与各个贷款机构接洽，拿到最优惠的利率和条款，为日后正式申请做好准备。由于贷款涉及的内容较多，详细内容请见第八章。

6.3 提交意向书

根据交易种类的不同，意向书 (Letter of Intent，简称 LOI) 有很多种叫法，如：投资条款 (Term Sheet)、谅解备忘录 (Memorandum of Understanding) 或原则性协议 (Agreement in Principle)，但其根本都是买家用来表示自己对项目的兴趣，附上想要商谈的出价和条款，希望与卖家最终谈成交易的文书。意向书很像是种“试水”，测试买卖双方的诚意。虽然它只有一页，也不像购买协议 (Purchase Agreement) 具有法律效应，但您仍需在签字前请律师过目 。

6.4 拟定购买协议，就合同条款协商

当卖方看到您的诚意，愿意进一步就交易协商时，双方便进入了紧张的购买协议商讨阶段。购买协议 (Purchase Agreement) 像是详细版的意向书，且具有法律约束效应。这个时期，买卖双方将就交易的细节“讨价还价”，最终达成一致。购买协议上会详细注明交多少定金 (Earnest

Money)？何时交？多少天内完成尽职调查？最终过户时间等。一般来讲，定金为地产售价的 1%—2%，但也会因交易的不同而浮动。

除此以外，购买协议上还会注明“偶发或特殊事件 (Contingencies)”的处理方法，如果您在尽职调查期间发现问题或贷款没有获批，是可以拿回全部或部分定金的。由于这一部分完全取决于买卖双方的谈判能力，不同交易间的条款差异很大。

另外，购买协议上还会写明违约处罚细则，如果您未按合约做事，定金很可能付诸东流。由于购买协议通常由卖方律师起草，可能含有“霸王条款”，您在签字前，一定要请律师和商业地产团队严格审阅，规避风险。

6.5 双方签字，合约生效

从双方签字完成那天起，合同便正式生效 (Mutual)，同时尽职调查和过户时间也开始计时。交完定金后，您可以同时开始贷款和尽职调查。

6.5.1 申请贷款

由于贷款经纪人在前期已经帮您选定了贷款机构，此时便可立即开始申请流程。如果您只能通过贷款购买地产，那么购买协议上会注明“合约生效取决于买家能否成功获贷”。为了避免因贷款问题造成的过户延迟，建议您在提交意向书 (LOI) 时就需要开始寻找合适的贷款机构。

买家需要提供的贷款文件：

◎完整的“过户联系人”清单（包含：买家、卖家、律师、过户公司代表、产权公司代表、买卖双方的房地产经纪人），并放入申请/委托补充材料中。

◎完整的贷款人问卷。

◎详细的组织图，注明占有地产权益超过 10% 的个人或实体。如果组织图中有信托 (Trust)，那么图中要写明受托人的姓名以及谁是受益人。

◎当下、完整、被认证过的财务报表 (Financial Statement) 和贷款者过往的报税信息。同时，注明“我特此证明该财务报表或税费文件是真实且完整的”。

6.5.2 尽职调查

◎ 什么是尽职调查？

尽职调查的主要目的是彻底调查地产、卖家、贷款和履约义务这四大部分的方方面面，降低投资的不确定性。您需要对地产的现有结构进行彻底排查，找出所有需要维修的部分，并评估所需花费；严格审查可能存在的市政规划限制 (Zoning Restrictions)、留置权 (Liens) 以及邻居侵占行为 (Encroachments); 并且决定是否继承前屋主因违反法律法规而承担的责任。如果购买该地产使用的贷款比例较大，您则需要考虑自己是否可以承担以后的月供。

购买协议常会注明尽职调查的条目和期限，以迫使卖家尽快提供文件。事实上，尽职调查期间发现的某些问题可能对您的投资回报预期产生极大影响。此时，您可以与卖家就地产价值和发现的问题再次商议出一个合理的售价。

由于商业地产交易涉及的文件繁多，您最好为自己准备一份“尽职调查清单”，标明已解决和未处理的问题。这份清单可长可短，但无论如何，您都要在过户前慎重衡量地产的收益与问题。

◎ 尽职调查包含什么？

您的投资目的是尽职调查的基石。对于关注现金流的投资者来讲，购买公寓楼时需要检查每个租户的租约和交租纪录，确保该地产能够带来预期中的稳定收入。而对于购买公寓的开发商来讲，则更关注地产的用途多样性，以及是否能满足其预期。

在没有亲自到访和巡查地产前，建议您不要进入最终交易环节。实地走访时，投资团队的顾问会帮您分析该地产或建筑能否达到预期用途。如果在此期间发现任何问题，都会影响购买协议的协商，例如：您计划将某地产改建成一栋拥有充足停车位的办公楼，但尽职调查时发现，该地产坡度过多，无法实现原计划。

除此之外，根据联邦、州、县政府的环境规定，您还需要确保土地

或建筑符合当前和未来可能实行的法律法规。例如：对于“环境可持续发展及其责任”这个不停在修改的法规来讲，您要了解未来将要执行的法律条款。

放贷前，贷款机构很可能要您提供一份“环境适宜度分析”(Environmental Suitability Assessment)。无论最终是否用到，我们都建议雇用专业的环境工程公司评定地产过往的使用情况、收集有害物质（如：铅、霉菌、石棉）证据，检查是否有地下燃油桶 (Underground Storage Tank) 这样潜在的隐患存在。

有些时候，表面上看起来完美、合法的地产很可能就是未来的诉讼雷区。一旦过户，您将转接前屋主的所有责任，并依法处理存在的问题。虽然卖家被要求在一定程度上公开地产信息，例如地役权 (Easements)、房产滞留权 (Encumbrances) 和其他限制，但您仍需重新检验每份文件的准确性，切勿想当然。

◎ 尽职调查涉及的文件

在第五章中我们曾提到，由于商业地产的流程复杂，商业地产团队一定要有一位相关经验丰富的律师来审阅、检查每份文件的准确性。律师至少需要过目所有涉及产权、租赁、政府区域规划、调查、税务证明、卖家财务数据和运营声明的文件。

一旦过户 (Escrow) 账户开通，您应先购买一份有地产详细信息的初步产权报告 (Preliminary Title Report)，它包含所有权历史以及地产是否存在滞留权 (Eencumbrances) 和地役权 (Easements) 等信息。在了解上述信息后，您可以通过专业调查 (Professional Survey) 来证实地产细节，同时确认地块面积 (Lot Size)、通路 (Access Roads)、界限 (Boundary Lines)、地表水 (Surface Waters)、路权 (Right-of-Way)、土地状况 (Soil Condition) 以及可能存在的房屋修缮和变动情况。为了核对产权的准确性，您可以购买产权保险，避免为产权缺陷承担损失。

除此以外，您还需要确保该地产符合政府的区域规划准则 (Zoning Rules) 和地产法规 (Property Codes)。针对区域规划准则，您可以咨询市政当局人员，确保当前和预期的地产用途符合现有的区域规划法规 (Zoning Regulations) 和土地使用分类 (Land Use Classification)。

对于较新的建筑，可以通过检查“可居住证书”(Certificates of Occupancy) 来确认该地产符合地产法规。地产的价值评估 (Assessed Valuation) 和卖家地产税 (Property Tax) 的支付情况可以从税务证明 (Tax Certificates) 上获取。为保险起见，您还可以咨询政府以外的区域规划专家，再次核实信息的准确性。

对于未开发的土地，首先要确定政府能够批准您的使用用途，并且检查土地是否存在湿地 (Wetlands) 或濒危物种。如果上述情况发生，土地或许仍能开发，但进程会大受影响。

对于有现金流的地产（如：办公楼）来讲，全面调查租金支付纪录可以确保地产拥有规律且可预测的收入。此外，您也可以检查卖家的财务纪录和运营声明，查找是否存在租金收入断层。当然，大楼的结构符合“美国残疾人法案 (Americans with Disabilities Act)”的规定也很重要。以上我们提到的所有文件都要经过仔细核对和评估，并且将调查结果与预期收入或现金流对比，决定继续交易流程还是退出。

◎ 了解卖家

在商业地产交易中，卖家的名声、地位、过往交易记录都要被调查。名声不好的卖家甚至租客可能会对地产的未来收益造成负面影响。您可以要求卖家提供报税纪录 (Tax Returns)、服务合同 (Service Contracts)、贷款文件 (Loan Documents)、过往诉讼历史以及任何与地产财务状况相关的条目、地产过往用途等。这些信息都将成为影响买卖双方协商和购买决定的重要因素。

6.6 过户

当所有条件均已满足，过户日前一周，您需要到过户公司签署过户文件和贷款文件，同时付完尾款。如果本人无法亲自到场，可以授权律师代理签字。需要注意的是，如果地产以多人名义购买，全部所有者都要签字，如无法到场，请授权律师代签。如果以公司名义购买地产，那么负责人签字即可。当过户公司收到来自您和贷款机构的全部金额后，将在政府机构完成产权转让登记，随后交接钥匙。此时，地产已正式属于您了！

CHAPTER 7

土地开发

7
土地开发

7.1 土地的定义

当我们提到购买“土地”时，它可以指还未具备建筑条件、无土地使用许可 (Land Use/ Master Use Permit) 的“生地”；或是已得到政府下发的所有许可，即可开工的“熟地”。由于将一块“生地”变为“熟

地”要经过许多步骤，花费大量时间（约 1 年左右）、精力和金钱，因此“熟地”售价远高于生地。

7.2 开发的六大阶段

土地开发就像是一个生命周期，每个阶段都有地产升值的空间，同时也伴随着相应的风险。无论在哪一阶段，您都可以“入场”，但要问问自己：是否能够完成整个阶段？是否拥有所需技能、资源、时间和团队支持？能否承担失败的风险？一般来讲，小型开发项目只涉及前四个环节。

7.2.1 阶段一：购买并持有生地

如果您了解宏观经济形势、能够洞悉市场趋势，并且熟悉当地政府的土地规划要求和未来可能发生的政策改变的话，可以选择购买并持有未经开发的“生地”，待地价上涨后抛售。由于“生地”存在的不确定因素很多（如：土地品质未达标、当地人口变化、经济下滑等），投资风险大、投机性强，贷款机构一般不愿放贷，需要您用现金买地。

7.2.2 阶段二：将“生地”变“熟”

如果您拥有一双慧眼，并且了解当地土地规划政策和市场，那么可以从囤地人手中买地，将其由“生”变“熟”。在完成可行性调查和规划 (Feasibility Study and Planning)、上过产权保险 (Title Insurance) 后，您可以为地产申请土地使用许可和建筑许可。一旦审批下发，原来的“生地”将彻底变成一块能够随时开工的“熟地”。

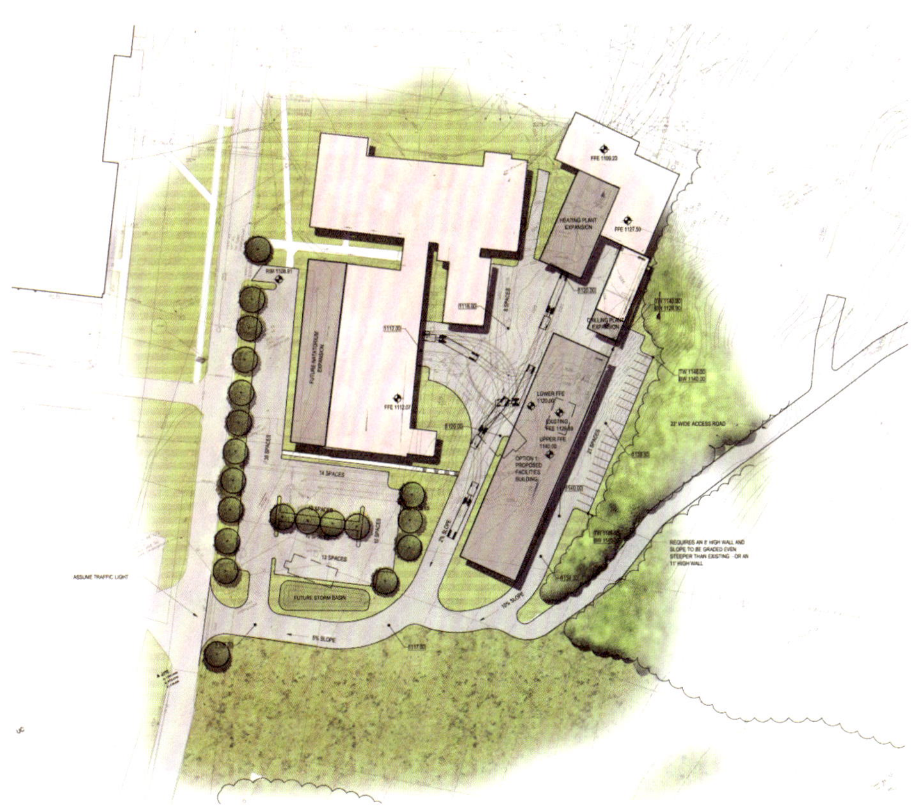

1)“可行性调查和规划”一般包括：

◎ 根据政府土地规划要求 (Zoning) 评估并设计地块用途。

◎ 进行第一阶段的土地环境评估 (Phase 1 Environmental Site Assessment)

◎ 调查并评估周边是否通车，有水、污水、电等设施和服务。

◎ 提供土地绘图 (Site Mapping) 建议，评估重点地区是否存在自然和环境约束。

◎ 根据调查结果评估成本。

◎ 调查地产的产权是否存在房产滞留权 (Encumbrances) 或特例 (Exceptions)。

◎ 通过当地市场情况评估地产价值，帮助买家进行全面的财务分析和利润预估。

2) 申请土地使用许可 (Master Use/Land Use Permit)

◎ 土地用途

◎ 建筑覆盖率、外墙缩进

◎ 建筑外观雏形（多高、层数、每层面积、外观等）

◎ 停车场

◎ 绿建筑认证

◎ 街道使用情况、街道能否停车、能否接上水电、防火需求、有无公共空间等。

◎ 一般需要 6–9 个月

3) 申请建筑许可 (Building Permit)

◎ 建筑、人身及消防安全：建筑法规着重于性命安全、紧急出口、施工方法、结构耐火性、内饰舒适性等方面。

◎ 土地规划：进一步审核土地的使用情况，包括建筑和马路间距离、建筑占地比例、高度、建筑间隔、开放空间、景观绿化、停车和建筑进出口等。

◎ 能源使用：检查隔热性、保温性和建筑内部电路系统是否符合国家能效标准和室内空气质量法案。审核环保设计是否符合国际绿建筑认证(如 LEED， Built Green) 标准。

◎ 消防：检查建筑的防火和喷水系统、电梯规划有无紧急撤离标识和消防报警系统等。

◎ 依项目规模和建筑物数量而定，审批时间约为 6–12 个月。

7.2.3 阶段三：开工建设

如果您不想花费时间和金钱经历“土地使用许可”和“建筑许可”漫长且复杂的审批过程，可以直接购买随时能破土动工的“熟地”。此时，您只要找到建筑公司，按照既定的计划方案建造大楼和周边基础设施即可。由于建筑的设计稿已经确定，如有改动需重新上交政府审批。在建设过程中，您还需要着手招租。如果能在完工前就找到租户，那么其售价将远高于没有租户的地产。

7.2.4 阶段四：大楼运营

如果您想在完工并找到租户后仍继续持有地产，可以聘请物业管理公司处理与出租、收租、租客纠纷、地产维护相关的所有事项，按月现金流的一定比例付费。需要注意的是，如果您打算在大楼建成后立刻抛售或持有时间少于一年，那么需要支付较高的资产增值税（详情请见 **9.3** 节）。

7.2.5 阶段五：地产翻修

如果您觉得从无到有的土地开发耗时长，风险大，那么可以考虑购买状况不好或存在经济问题的大楼翻新。根据项目的不同，您需要为地产重新定位、修缮、重新招租并出售，耗时几个月到一年不等。

这种投资方式虽具有投资周期短、获利高、可以迅速积累财富的优势，但也对专业度要求很高。您不仅要对市场趋势和当地核心地段有详尽了解，还要能准确预估翻修成本，利用当地丰富的人脉（如：建商、律师、室内设计师、建筑调查员、保险经纪人、维修工等）降低风险和开销。

由于在一年内出售要缴纳平均高达 28.6% 的增值税，大多数投资者选择持有地产超过一年，或利用“1031 同类地置换”法案来更换项目，达到延税的目的。

7.2.6 阶段六：土地再开发

这个阶段很像是回到了“将生地变熟”的时期，不同的是，这里的“生地”指“棕地 (Brownfield)”，也就是上面有建筑却长期废弃 / 得不到充分利用，或存在有害物质的土地。它们具备开发潜力，能够为社区、城市带来新的就业机会和经济增长。美国的主要城市都有大大小小的再开发项目，由于得到了政府的支持和优惠，开发商们参与的热情很高。

棕地

CHAPTER 8

贷款

8 贷款

8.1 商业贷款与住宅贷款的区别

8.1.1 贷款者

住宅的贷款者通常为个人，而商业地产的贷款者常为专门为持有地产设立的商业实体（如：股份有限公司、开发商、合伙公司、基金或信托）。如果商业实体没有过往的财务记录，那么贷款机构可能需要公司内信用记录良好的所有者（一个或多个）为贷款担保。如果贷款不能偿还，那么贷款机构将追索担保人的个人财产。如果是没有担保人的无追索贷款(Non-recourse Loan)，那么贷款机构只能没收地产，通过法拍收回资金。

8.1.2 分期还款计划

住宅的贷款年限 (Term) 与摊销期 (Amortization) 一致，也就是按每月一定的金额还款，在贷款年限到期时就彻底还清贷款。最常见的住宅贷款为 30 年固定利率，此外也有 25 年和 15 年的选择。

与住宅贷款不同，商业地产的贷款年限通常只有 5 年 –10 年，且其摊销期长于贷款年限。例如：您的贷款年限可能为 7 年，而摊销期为

30 年。这种情况下，您需要按照 30 年摊销来计算您的月还款额，并在还款 7 年后将剩余的全部尾款 (Balloon Payment) 一次性还清。贷款的年限和摊销期长度会影响贷款利率。取决于您的信用分数，这些条款可以与银行协商。

例如：王先生贷款 $100 万购买地产，A 银行给王先生的贷款年限为 10 年，摊销期为 30 年。也就是说，王先生每月的还款额要按 30 年计算，但还款时间只有 10 年。第十年结束时，王先生有两种选择：1) 一次性付清剩余贷款，2) 向 A 银行或其他银行“再贷款”(Refinance)。贷款年限短是银行出于风险控制的考量，战线拉得越长，银行承担的风险越大。而摊销期的时间长则是基于商业地产的投资金额大和现金流有限因素的考虑，过短的分期付款时间会使月供飙升，使您无力偿还。

8.1.3 贷款价值比 (LTV)

LTV 是 Loan to Value 的缩写，用来计算贷款总额与地产估值的比值。如果为一个价值 $100 万的地产贷款 $60 万的话，其贷款价值比为 0.6 或 60%。

$$\textbf{Loan to Value} = \frac{\textbf{Loan（贷款总额）}}{\textbf{Property Value（地产价值）}}$$

无论是住宅还是商业地产，LTV 数值低的能获得较低的贷款利率，其原因就在于这些地产的价值较高，降低了贷款机构承担的风险。

某些住宅贷款可以允许较高的 LTV: 老兵和美国农业部贷款的 LTV 可以到 100%，联邦房产部担保的贷款 LTV 可以到 96.5%，房地美 (Freddie Mac) 和房利美 (Fannie Mae) 担保的贷款 LTV 可以到 95%。

相比之下，商业贷款的 LTV 一般在 65%-80% 左右，其具体数值取决于贷款种类。例如："生地"的 LTV 最高为 65%，而多单元住宅可以达到 80%。商业借贷中没有老兵或美国农业部贷款项目，也没有私人贷款保险 (Private Mortgage Insurance)。贷款机构由于无法依赖保险填补贷款拖欠或地产法拍带来的损失，只好将商业地产本身作为抵押物。

8.1.4 债务偿付比 (DSCR)

DSCR 是 Debt Service Coverage Ratio 的缩写，用地产年净运营收入与其年还贷额（包含本金和利息）的比值来衡量地产的还贷能力。根据地产的现金流情况，债务偿付比可以帮助贷款机构决定给您的贷款大小。

$$\textbf{Debt Service Coverage Ratio} = \frac{\textbf{NOI (年净运营收入)}}{\textbf{Annual Mortgage Debt Service (年还贷额)}}$$

如果 DSCR 小于 1，那么说明净现金流为负。例如：DSCR 为 0.92 意味着地产当前的年净运营收入只能偿付 92% 的贷款。一般来讲，商业贷款的机构需要 DSCR 值不低于 1.25 来确保现金流充足。有时候，较低的 DSCR 值会出现在摊销期较短或地产现金流十分稳定的贷款中，而现金流变化大的地产（如：酒店）则需要较高的 DSCR 值。

8.1.5 贷款利率和费用

商业地产的贷款利率可以固定，也可以浮动，并不一定都会高于住宅贷款利率。利率固定意味着您每月还款额在贷款期限间维持不变。通常，美国的联邦基金利率 (Federal Funds Rate)、贷款机构的审查因素，以及申请者的信用分数会直接影响利率的高低。除了利率差异外，商业地产贷款也可能含有附加费用，如：贷款评估、法律、贷款申请、手续和 / 或调查费。有些费用必须在贷款批准 / 拒绝前支付，有些则属于年费。

8.1.6 提前还款

与住宅不同，由于提前还款损害了商业贷款机构的预期收益，您可能需要面对不同程度的限制和罚款。

- 贷款期限锁定：贷款者在一定时间（如：5 年）内不能提前还款。
- 提前还款罚款：这是最常见的一种处罚，按照提前还款额的一定比例计算。
- 利率损失罚款：由于提前还款使贷款机构损失了利率收益，您需要对提前还款额缴纳一定比例的退出费 (Exit Fee)。

对于提前还款的详细规定会写在贷款文件中，且可以协商，建议您在选择贷款机构和种类前仔细阅读文件。

8.2 贷款机构

过去十年中，美国贷款市场的版图经历了巨大改变。如今的消费者已不再看重贷款机构的品牌，转而关注利率和贷款期限，与此同时“非银行机构 (Non-banks)”正逐渐取代银行这个传统信贷机构的霸主地位。非银行机构指专注于贷款业务，无存款服务的金融机构。由于 2008 年全美金融行业受到重创，政府对银行实行了“零容忍”的风险控制，同时特别建立了消费者金融保护局 (Consumer Financial Protection Bureau) 进行监管。除了房利美 (Fannie Mae) 和房地美 (Freddie Mac) 的要求外，银行自身也增加了审批步骤和费用，大大缩减了贷款的批准量。

以上种种因素都让非银行机构看到了商机，他们不仅提供不同种类的贷款产品，还简化了贷款流程，提高了贷款速度。2011 年，全美前 10 名的贷款机构中，三大银行——摩根大通银行 (JP Morgan Chase)、美国银行 (Bank of America) 和富国银行 (Wells Fargo) 占去了半壁江山，而 2016 年，这三家银行的份额已降至 21%。去年的前 10 榜单中有 6 家“非银行贷款机构”(黑色粗体)，其发展速度和市场份额可见一斑。

2016 年贷款机构 Top 10

2011 市场份额		2016 市场份额	
Wells Fargo （富国银行）	24.2%	Wells Fargo （富国银行）	12.55%
Bank of America （美国银行）	10.58%	JPMorgan Chase （摩根大通银行）	5.95%
JPMorgan Chase （摩根大通银行）	9.95%	**Quicken Loans** （快速贷款公司）	**4.90%**
U.S. Bank Home Mortgage （美国合众银行房屋贷款）	4.38%	U.S. Bank Home Mortgage （美国合众银行房屋贷款）	4.12%
Citigroup （花旗集团）	4.29%	Bank of America （美国银行）	4.07%
Ally-GMAC （Ally 借贷）	**3.81%**	**PennyMac Financial Services** （综合贷款网络平台）	**3.37%**
PHH Mortgage （PHH 贷款）	**3.51%**	**Freedom Mortgage** （自由贷款）	**2.90%**
Quicken Loans （快速贷款公司）	**2.03%**	**PHH Mortgage** （PHH 贷款）	**2.01%**
Flagstar Bancorp （弗拉格斯塔万通金控）	1.80%	**Caliber Home Loans** （Caliber 房屋贷款）	**2.00%**
MetLife （大都会人寿保险）	**1.60%**	**LoanDepot** （贷得宝）	**1.89%**

（信息来源：Mortgage Daily）

- **银行 (Banks):** 不管规模大小，它们都是提供商业贷款的传统机构。
- **非银行贷款机构 (Non-bank Lenders):** 一般来讲，这些机构对贷款者的信用要求较低，贷款审批速度较快，在如今的美国贷款市场上十分普及，有些商业地产长期贷款甚至不需要您在最后支付一大笔尾款 (Balloon Payment)。
- **渠道贷款机构 (Conduit Lender):** 您可以通过抵押贷款获得资金，而该机构则将多种商业地产的抵押贷款重新包装，通过证券化过程，以商业地产抵押担保证券 (CMBS) 的形式发行。

- **政府赞助的企业 (Government-sponsored Enterprises):** 如房地美 (Freddie Mac) 和房利美 (Fannie Mae)
- **国营公司 (Government Corporations):** 如美国政府国民抵押贷款协会 (Ginnie Mae)
- **保险公司 (Insurance Companies)**
- **退休基金 (Pension Funds)**
- **美国小型商业部 (U.S Small Business Administration) 的 504 贷款项目**

8.3 贷款数额

对于传统的购买贷款（如：购买新地产），银行的贷款比例通常为 75%-80%。对于一个 $200 万的项目，您的首付将为 $40 万 – $50 万。相比之下，一些非银行金融机构却可以将贷款价值比 (LTV) 提高到 85%–90%。如果贷款比例增加，利率也会相应提高。在决定贷款数额前，您需要想清楚以下问题：

- 自己究竟需要多少现金？
- 根据贷款架构分析自己是否有能力还款？

多项贷款调查显示，小型企业失败的首要因素就是缺乏足够资本满足其现金流需求。对于这类型企业来讲，将未来不确定因素考虑在内，适当增加贷款额，为未来的发展早做准备也许是最适合的方法。

除此之外，您所需贷款的多少也决定了的贷款机构的种类。小额贷款可以联系当地的小型银行和独立商业地产信贷机构，大额贷款需要联系区域银行，而数额十分巨大的贷款则要找大型银行或华尔街的金融机构了。

8.4 贷款审批时间

在寻找贷款机构时，投资者通常会先想到自己开户的银行。但事实上，从传统商业银行申请贷款并不容易，其贷款要求严格，契约条款复杂，并且需花费较长时间才能锁定贷款。

银行贷款需要经过层层审批。首先，他们会审查贷款者过往的利润表(Income Statement)、资产负债表(Balance

Sheet) 以及现金流量表 (Cash Flow Statement)。接着，银行将审核贷款者和担保人过去五年的报税记录。通常，几个星期后他们才能给贷款者一份口头或书面的贷款承诺 (Commitment Letter)。需要注意的是，即使您成功得到了贷款承诺，银行信用委员会也可能撤销贷款。这时候，您就又要继续寻找贷款机构，重复上述步骤。

当然，如果您的公司拥有良好的信用记录、与银行沟通紧密、有可查证的收益和利润、并且不急于拿到贷款的话，当地银行也许是能提供最低利率的渠道了。但如果您急需贷款预先审批书且无出众的信用记录的话，最好直接找到经验丰富的非银行信贷机构，节省宝贵的时间。

CHAPTER 9

税费

9
税费

9.1 购买环节

9.1.1 地税 (Property Tax)

在购买地产时，只有地税是投资者需要关注的税种。与住宅相似，商业地产所在的县政府 (County) 会征收地税。虽然每个州的征收比例不同，但同一州内各个县的税率一般浮动不大。

地税的计算基于政府评估员对地产“估价”(Assessed Value)，一般低于买入价和市价，这也就是为什么您在购买商业地产时不能用估价作出价参考。在评估地产时，政府会参考您地产此时的税费基准 (Tax Basis 或 Cost Basis)，即“地产购入价”减去“过户费 ”(Closing /Settlement Costs) 的差值。

2015 年美国各州商业地产地税一览

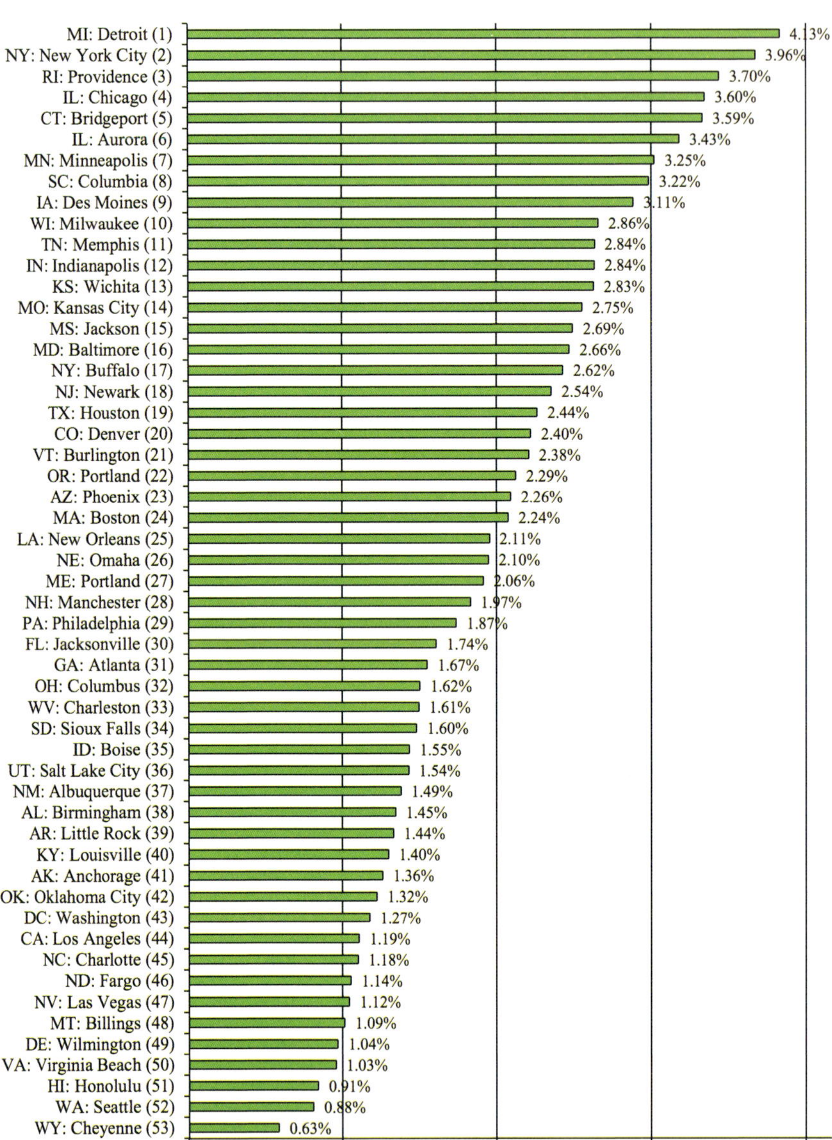

注：以上为 $100 万以上地产税率

图表来源：Lincoln Institute of Land Policy and Minnesota Center for Fiscal Excellence

1) 过户费包括：

- 产权摘要费 (Abstract Title Fee)
- 安装水电的服务费 (Charges for installing utility services)
- 法务费 (Legal Fee，包含产权调查、准备销售合同和契约的费用）
- 备案费 (Recording Fee)
- 调查费 (Survey Fee)
- 消费税 (Sales Tax)
- 转让税 (Transfer/ Excise Tax)
- 房东的产权保险 (Owner's Title Insurance)
- 您愿意为卖家承担的拖欠费用（如：过期未缴的税费 / 利息等）

2) 不能算在税费基础中的过户费条目

过户费不包括您暂放在过户公司、用于支付未来税费和保险的资金。以下我们为您列举了一些不能算在税费基础中的过户费条目：

- 意外伤害保费
- 过户前入驻产生的租金
- 与提前入驻相关的水电费或服务费
- 申请贷款相关费用（如：贷款点数、手续费、贷款保险、信用记录生成费等）
- 重新贷款的费用

得到政府估价后，投资者就可以根据以下公式计算应缴的地税税费了。

$$地税 = 政府估价 \times 地税率$$

9.2 持有环节

9.2.1 地税 (Property Tax)

持有一段时间后，地产的“税费基准”会发生改变。此时，您需要向当地政府提交“收入和花费表格”(The Income and Expense Form)，列出过去一年中与地产购买、折旧、建筑改造(如：是否加盖新建筑或结构)以及原有结构拆除相关的所有信息。由于大部分商业地产建筑可分39年折旧，您可以将税费基础按比例分配在土地和建筑上，再用建筑的基准除以39，得到每年的折旧费。县政府的评税员委员会将根据您提供的信息在原税费基准上加减，得到“调整后的税费基础”(Adjusted Basis)即最新的地产估价。

9.2.2 个人所得税 (Income Tax)

如果您购买的是有现金流的地产(如：公寓楼、办公楼或零售商铺)，那么租金收入还需上交个人所得税。除联邦税统以外，各州、市、县的所得税率会有所差异。

1) 联邦

联邦税只征收收入的净利润 (Net Profit) 部分，因此您需要减去所有开销。需要注意的是，租户交给您的押金并不属于收入，无需缴纳所得税。如果您的地产是以 LLC 的形式持有，则需将公司收入下放到所有者名下，再以个人名义报税。如果所有者为两人以上，则按成员股份比例分摊收入，再以个人名义报税。从以下例子可以看出，持有者为两个以上的 LLC 需缴纳的总税费要明显低于独资企业。

举例说明

假设西雅图某地产一年净收益为 $10 万，那么一位 LLC 所有者要比两位所有者多交约 $4494 的联邦个人所得税费。

2016 联邦个人所得税预测（单身）

需缴税收入	税率
$0 – $9,275	10%
$9,276 – $37,650	$927.50 plus 15% of the amount over $9,275
$37,651 – $91,150	$5,183.75 plus 25% of the amount over $37,650
$91,151 – $190,150	$18,558.75 plus 28% of the amount over $91,150
$190,151 – $ 413,350	$46,278.75 plus 33% of the amount over $190,150
$413,351 – $415,050	$119,934.75 plus 35% of the amount over $413,350
$415,051 or more	$120,529.75 plus 39.6% of the amount over $415,050

LLC 所有者	联邦个人所得税
一位	$18,558.75 + 28% ($100,000 – $91,150) = $21,036.75
两位 （A 投 40%, B 投 60%）	**A:** $5,183.75 +25% ($40,000 – $37,650) = $5771.25 **B:** $5,183.75 +25% ($60,000 – $37,650) = $10,771.25 总缴税额：$5771.25+$10,771.25= $16,542.5

2) 州、市、县级个人所得税

所在州和当地政府可能需要您就收入再次缴纳所得税，除税率不同外，计算方法与联邦税异曲同工。

9.3 抛售环节

出售地产时，您会涉及“资产增值税”和“折旧费重新计税”两个税种。

9.3.1 资产增值税 (Capital Gain)

根据美国国税局 (IRS) 的规定，资产增值的部分为地产“卖出价”与“调整后的税费基础”(Adjusted basis) 间的差值。如果您无力还贷，使地产变为法拍屋的话，那时地产价值的增减等于税费基础的改变和赦免贷款（如果未还贷款比例高的话，可以相当于地产市价）的总和。地产调整后的税费基础越低，您在出售时需要支付的资产增值税会越高，因此这个数字的准确性极为关键。

资产净增值部分 = 卖出价 − 调整后的税费基础

1) 联邦

资产增值税是个人所得税的一个条目。一般来讲，长期持有地产需缴纳联邦税 15%，短期持有（一年内）则按个人所得税税率走。但如果您的净收入属于 15% 税档，则无需交纳联邦长期增值税。

2) 州、县

除联邦税外，您还需缴纳所在州及县 0%—13.3% 不等的资产增值税。将三级税汇总起来，您需要缴纳增值税率的平均值高达 28.6%。

9.3.2 折旧重计税 (Depreciation Recapture Tax)

除了众所周知的增值税，您还需要缴纳折旧重计税。大部分商业地产建筑可在 39 年内折旧（公寓大厦可在 27.5 年内折旧），每年平摊的折旧费可以为您减税。但在抛售地产时，您曾经享受过的折旧优惠将通过“折旧重计税”的方式还给国税局。由于折旧会使地产“调整后的税费基础”降低，因此您最终的获利会更多。如果地产的卖出价大于折旧后的税费基础，那么两者间的差值将被重新计税。对于已在持有期间将地产全部或大部分折旧的投资者来讲，折旧重计税会是个较大的负担。

◎ 计算公式

折旧后地产的税费基础 = 调整后的税费基础 − 持有期间的折旧总额

折旧重计税 =（卖出价 − 折旧后地产的税费基础）× 利率

注：折旧重计税最多征收 25%，带入计算的“利率”取您的个人税档和 25% 中的低值。

9.3.3 延税政策 –1031 同类地产置换

虽然增值税和折旧重计税的费用繁重，但投资者也并不是“无路可走”。您可以通过美国国税局的“1031 同类地产置换法案 (Section 1031 Like-kind Exchanges)”来无限期延迟缴纳以上税种。

该法案允许投资类地产的持有者无限次，以旧地产更换新地产，达到转换投资方向或优化投资组合的目的，在此过程中的所有利得将无需缴税。您可以把它看作是政府提供的无息贷款，使您能够不断投资，做大做强。

◎ 1031 注意事项

- **同类地产**：同种性质和特征，质量和级别可不同（如：办公大楼与零售商铺交换）。由于国税局对“同类地产”的定义很广，存在灰色地带，您需要找到经验丰富的房地产律师帮助您选择和辩护。
- **地产等值**：主要支持美国境内的商业地产置换，且新地产价值需大于或等于旧地产，否则差值将被征收增值税。
- **置换次数和频率**：无限制，可以一直置换下去。
- **合格的中间人**：中间人必须得到国税局的批准，保证 1031 置换过程严格遵守国税局的法律法规，确保投资者不在其中套现逃税。
- **时间**：在中间人的监督下，您必须在 45 天内书面确认变更地产，并在随后的 135 天内完成交割手续。
- **折旧重新计税 (Depreciation Recapture)**：如果您想用“有建筑的熟地”来更换“无建筑的生地”，那么之前建筑折旧省去的税费将重新被征收。

- **专家把关 :** 考虑到 1031 法案流程的复杂性、时效性以及投资者个人情况的特殊性，您需咨询商业地产投资团队的律师、房产经纪人和会计师后再做决定。

APPENDIX

附录

中国企业海外投资大事记

时间	项目	企业 / 个人
2011	$5.69 亿购入纽约曼哈顿公园大道广场 (Park Avenue Plaza) 49% 的股份。	SOHO 中国 CEO 张欣
2011	$2.65 亿购入位于纽约曼哈顿 A 级办公楼 "1180 Avenue of America" 90% 的股份。	海航集团
2013.6	与巴西的 Safra 家族共同出资约 $14 亿购入位于纽约曼哈顿的 General Motors 办公楼。	SOHO 中国 张欣家族
2013.10	$7.25 亿购入纽约曼哈顿的办公楼 "28 Liberty Street"（原 One Chase Manhattan Plaza）。	复兴集团
2013.10	与开发商 Forest City 共同建造位于纽约布鲁克林的商住混合项目 Pacific Park（原 Atlantic Yards)"，并占有其 70% 的股份。据悉，建成后的项目价值约 $50 亿。	绿地集团
2014.2	与 RFR Holdings、Hines 联合开发位于纽约曼哈顿中城 100 East 53rd Street 的高层奢华买卖公寓 (Condo)。据悉，中方投资总额约 $5.01 亿。	万科
2014.3	与芝加哥地产集团 Zeller Realty Group 共同出资 $3.04 亿购入位于芝加哥 311 South Wacker Drive 的办公楼。	信泰资本管理有限公司
2014.5	通过其子公司 Kylli Inc. 以 $3.5 亿购入位于旧金山市中心 225 Bush Street（原 Standard Oil Building) 办公楼。	深圳正中集团
2014.9	$4.2 亿买下位于洛杉矶比佛利山的 8 英亩地块（原 Robinsons-May 百货），用于高级公寓 (Condo) 和零售开发。	大连万达
2014.10	$19.5 亿收购了纽约著名地标华尔道夫酒店 (The Waldorf Astoria)。	安邦集团
2014.12	$6 亿美元买下位于纽约曼哈顿的办公楼 7 Bryant Park，并将占据超过一半空间作为其美国总部。	中国银行
2015.2	以超过 $200 万 / 间的价格购买了位于曼哈顿的巴卡拉酒 (Baccarat Hotel)。	阳光保险
2015.3	联手 H&Q Asia Pacific（汉鼎亚太）出资 $4770 万购入一块位于旧金山南部 Burlingame 市 71,000 平方米的商业用地。	深圳正中集团
2015.5	$4.15 亿购入位于纽约市 717 Fifth Avenue 的办公楼。	安邦集团
2015.8	$7.11 亿买下西雅图最高建筑、76 层高的哥伦比亚中心 (Columbia Center)。	香港基汇资本

时间	项目	企业/个人
2015.12	$2.61 亿购入纽约时代广场附近的出租公寓楼 1 MIMA Tower 顶端 13 层，将改造为奢华买卖公寓 (Condo)。	纽约华人地产公司跨富地产
2016.9	$65 亿购入战略酒店及度假村 (Strategic Hotels & Resorts Inc.) 旗下 15 间豪华酒店。	安邦集团

关于我们

北美购房网是一家专注于北美房产投资的权威网络平台，旨在为中国高净值客户提供即时、全面、客观的房地产投资资讯和咨询服务。经过多年耕耘，北美购房网已与北美新浪、NAREIG 国际地产等多家知名机构结成战略合作伙伴关系，为无数客户完成了投资梦想。

NAREIG 国际地产是一家总部位于西雅图的房地产经纪公司。自 2012 年与北美购房网结成“线上—线下 (O-to-O)”战略联盟以来，致力于为中国客户提供无信息壁垒、无语言障碍、一站式的投资置业服务。NAREIG 在纽约、波士顿、旧金山、洛杉矶、夏威夷均设有分部，涉足住宅及商业地产的各个领域，拥有丰富的实战经验。